KB151113

어딘가에는
살고 싶은 바다,
섬마을이
있다.

어딘가에는 살고 싶은 바다, 섬마을이 있다.

글 · 윤미숙

@

남해의봄날 ●

차례

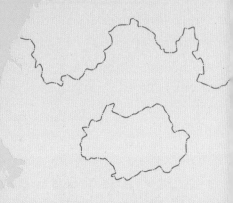

기점도
소악도

전라남도

반월도 · 박지도

우이도

연흥

생일도

관매도

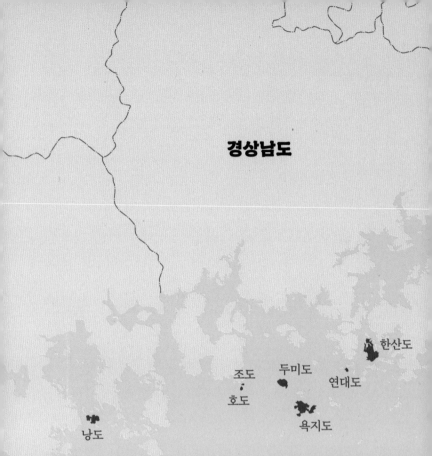

경상남도

한산도

조도
호도

두미도

연대도

욕지도

낭도

경남 섬

욕지도(통영) / 연대도(통영) / 한산도(통영) / 두미도(통영)
/ 조·호도(남해)

전남 섬

생일도(완도) / 연홍도(고흥) / 관매도(진도) / 반월·박지도(신안)
/ 우이도(신안) / 기점·소악도(신안) / 낭도(여수)

섬마을 가꾸기, 왜 하세요?

◎

내 고향 거제는 대한민국에서 제주 다음으로 큰 섬이다. 서쪽으로는 거제대교와 신거제대교가 통영과 이어지고, 북쪽으로는 거가대교를 통해 부산에 닿으니 오가는 이들이야 육지와 매한가지로 여기기 일쑤다. 하지만 거센 바람과 파도, 굴곡진 해안선을 따라 광활하게 펼쳐지는 바다의 풍경은 이곳이 섬임을 실감케 한다. 어찌나 큰지 자라면서도 나는 내가 사는 곳이 섬인 줄도 몰랐다. 내 고향이 섬이라는 것을 안 건 채 자라지도 못하고 섬을 떠난 이후의 일이다. 무의식 저편에 쌓였던 그리움이 나를 이끈 것일까. 지난 15년 동안 섬이란 섬은 무수히 가 봤다. 그것도 통영이나 거제처럼 다리로 연결된 섬들만이 아니라 육지와 동떨어져 배를 타야만 가 닿을 수 있는 작달막한 섬마을을 옆 동네 방앗간 들르듯 놀러, 일하러 기백 번은 다닌 것 같다.

처음 마을 만들기 일을 시작할 때만 해도 "그게 뭐 하는 거

예요?"란 질문을 매일 같이 받았다. 당시엔 거기에 어떤 대답을 해야 할지 막막할 정도로 알려진 것이 아무것도 없는 일이었다. 지방 의제니, 지속가능 발전이니, 도시재생이니 하는 단어들을 들먹이며 아무리 입 아프게 설명해 봤자 직접 한 번 눈으로 보는 것만 못했다. 통영 동피랑 벽화마을, 강구안 푸른 골목 만들기 사업 같은 것들이 결과를 내고 수상도 하면서는 좀 편해졌다. 우선 와서 한 번 보면 이해가 되니 말이다.

그중에서도 통영 연대도는 마을 만들기에 대한 내 모든 노하우의 시작이자 끝과 같은 곳이다. 달아마을 작은 항구에서 봉성호를 타고 바다를 가로지른 것만도 300번은 훌쩍 넘을 거다. 섬의 불편한 교통은 가장 큰 단점인 동시에 섬의 생태와 아름다운 환경을 지키는 보호벽이기도 하다. 막상 가 보면 육지와 섬의 환경은 너무도 다르다. 그만큼 섬마을에서 진행하는 프로젝트는 육지의 마을 만들기보다 몇 배는 더 수고가 든다. 사람 하나 구하려 해도 섬마을까지 배 타고 와줄 이가 많지 않기 때문이다. 하지만 어렵기 때문에 보람도 더 크다. 그만큼 오래도록 섬은 육지 사람들에게 소외되어 왔다는 의미니까. 마을과 공동체는 현장을 통해서만 제대로 파악할 수 있다는 것도, 마을 만들기에서 가장 잊지 말아야 할 점은 결국 주민의 삶이라는 것도, 결국 사람에서 시작해 사람에서 끝나는 것이 마을 만들기라는 것도, 모두 이곳 연대도에서 배웠다.

전국에서 아무도 섬을 대상으로 지속가능한 개발을 말하지 않았던 2008년부터 3년여간 진행한 연대도 '에코 아일랜드' 프로젝트는 10년 넘은 지금 다시 떠올려도 마음 벅찬 감동을 느낀다. 몇 시간이면 전체를 돌아볼 수 있는 주민 82명의 자그마한 섬, 이곳에 화석 연료 없이 신재생에너지로만 자립하는 생태마을 모델을 세우는 것이 프로젝트의 요지였다. 설명회를 열어 주민들의 동의를 구하고, 정부 부처의 '에너지 자립 시범마을'에 공모해 예산도 마련하고, 사흘에 한 번, 나중엔 이틀에 한 번 꼴로 섬에 가 주민들과 부대끼며 차근차근 일을 진척시켰다. 그 결과 화석 연료를 전혀 쓰지 않고 제로에너지 건축물인 패시브하우스 인증을 받은 경로당 '구들'과 마을회관이 지어졌고, 150kw의 마을 태양광 시설이 온 마을의 전기료를 책임지게 되었으며, 에코체험센터가 생겨 마을의 새로운 랜드마크가 되었다. 식당 하나 없고 점빵도 하나뿐인 섬 연대도에서 나는 야생초 차와 나물 장아찌를 만들어 파는 '할매공방'이라는 마을기업도 생겼다. 지금은 돌봐 주는 이가 없어 운영하지 않는다고 들었다.

　섬이라는 척박한 환경에서 평생의 터전을 일군 섬 할매들은 생활력도 강하고 자립심도 대단하다. 몇 년 뒤 연대도에 이어 욕지도 자부포마을에서는 '욕지도 할매바리스타'가 탄생했다. "이 나이에 커피 배와가 머할끼고?"라며 어깃장을 놓는 섬 할매들을 꼬셔 바리스타 선생이 애정 어린 수업을 진행했고, 가게를 열었다. 커피 드립용 주전자로 물을 내리는 직수 연습을 할 때마다 웃음보가 터졌다. 덜덜 떨리는 손으로 일정한 양의 물을 내리다가 균형을 잃은 손목은 와르르 쏟기 일쑤였다. 그러나 할매들은 끝까지 해냈다. 놀라울 정도의 저력을 보여 주었다. 유쾌하고 즐겁고 힘든 시간이었던 바리스타 수업과 시범 운영을 거쳐, 여덟 명의 할매들이 협동조합을 만들고 '욕지도 할매바리스타 카페'를 오픈했다. 긴장을 하고 낯선 방문객을 맞는 시간이 늘어날수록 할매들은 날마다 젊어졌다.

욕지도는 고등어, 귤, 고구마가 유명하다. 특히 섬 특산물인 욕지도 고구마는 겨울 별미로 이름났는데, 이 고구마를 말린 빼떼기로 만든 빼떼기죽은 먹을 게 부족하던 시절 배고픔을 잊게 한 고마운 음식이기도 하다. 그리고 이젠 섬 특산물인 고구마로 고구마라떼를 맛깔나게 내리는 할매들이 욕지도의 새로운 명물이 되었다. 명물 카페가 되기까지 처음부터 끝까지 한 땀 한 땀 지도한 배종숙 바리스타의 노고가 가장 컸다.

쉬는 날도 없이 이 섬 저 섬 쏘다니며 신나게 일하던 2014년의 어느 날, 나는 8년간 일해 온 곳에서 하루아침에 해고

통지를 받았다. 새로운 시장이 출근한 바로 다음 날이었다. 단체장이 바뀌면 어공도 잘린다는 것은 사실이기도, 아니기도 한데 내 경우엔 사실이었다. 직업 공무원을 '늘공', 개방직이나 비정규직, 전문위원 등의 신분으로 공공의 일을 하는 사람을 '어공'이라고 한다. 전자는 늘, 항상, 공무원이란 뜻이고, 후자는 '어쩌다 공무원'이어서 어공이다. '민공'이라고도 한다. '민간인 공무원'이라는 뜻이다.

얼떨결에 뉴스에까지 보도되며 내가 잘렸다는 소식이 전국에 퍼져나갔다. 지방노동위원회에 해고취소처분 소송을 했고, 마을 활동가들은 무슨 일이 일어난 거냐며 줄지어 물어왔다. 그 사이 전국 마을네트워크 대표들과 의리 있는 지인들은 탄원서에 서명을 받으랴, 항의면담을 하랴 부산하게 움직였다. 한 달도 채 지나지 않아 부당해고 소송에서 승소했고, 복직 명령이 떨어졌다. 하지만 돌아갈 수 없었다. 고마운 사람들이 모인 자리에서 결심을 밝혔다.

"소송에서는 이겼습니다만 저는 복직하고 싶지 않습니다. 그동안 저를 위해 서명도 받고, 이런저런 활동에 진심으로 애써주신 것 정말 감사합니다. 잘 살았다고 생각합니다. 허나이곳에서 마을 일은 계속하기가 어렵습니다. 무엇보다 같이 손발을 맞춰 일해야 할 공무원들이 불편해집니다. 아시다시피 이 일은 민관 거버넌스를 기초로 하기 때문입니다. 저는

지난 8년간 거의 휴일도 없이 정신없이 내달려 피로도가 높습니다. 운명이 저에게 좀 쉬었다 가라고 일부러 시간을 주시는 것 같아요. 쉬면서 여행도 다니고 하겠습니다. 너그러이 이해해 주시면 좋겠습니다."

쓸쓸하기도 했지만, 이쯤 되니 이게 얼마만의 휴가냐 싶었다. 그동안 못 간 해외여행을 떠나 달콤한 휴식을 누렸다. 다음엔 또 어디로 가 볼까, 돌아오는 비행기에서도 놀 궁리로 가득했다. 그런데 여행에서 돌아오기 무섭게 손전화를 켜니 부재중 전화 소식이 우수수 손바닥에 떨어졌다. 061로 시작하는 다소 낯선 번호 몇 개와 그 지역 연고인 지인의 문자를 연달아 발견했다. 무슨 일인가. 간만에 맛보는 휴식의 달콤함에 취한 지 얼마 되지도 않았는데 부르는 이가 있었다. 섬마을 가꾸기 사업을 시작하기로 했다는 전남도청이었다.

"섬마을 가꾸기 사업이라. 돈도 안 되고 표도 안 되는 일인데 왜 그 일을 하시려고 합니까?"

첫 인사 자리에서 어공의 질문 치고는 너무 대담했나? 그래도 꼭 확인하고 싶었다. 마을과 공동체를 바라보는 철학, 특히나 표로 먹고사는 사람들에게 있으나마나 한 존재인 섬과 섬사람들을 과연 어떻게 생각하는지를.

"섬은 한 나라 영토에서 매우 중요한 지정학적 의미가 있습니다. 무엇보다 우리 국민이 살고 있지요. 국가가 제공하는 다양한 사회 문화적 복지와는 거리가 먼 삶을 말이죠. 그래서 제가 있는 동안만이라도 자연을 가능한 훼손하지 않으면서 그분들이 더 나은 삶을 살 수 있도록 뭔가 할 수 있지 않을까 생각합니다. 누군가는 반드시 해야 할 일이니까요."

돌아온 답변이 내 마음을 흔들었다. 그와 동시에 기껏 계획한 휴가도 다 물 건너갔다. 통영 연대도, 욕지도로 이어진 섬마을 만들기는 한려수도 앞바다를 지나 다도해에 이르러 전남의 섬으로 번져나갔다. 그렇게 전남 무안, 남악마을에서 어공의 두 번째 삶이 시작되었다.

마을 만들기의 시작, 섬과 썸타기

가고 싶은 섬 = 지속가능한 섬

⊙

사무실은 도청 16층, 내 책상은 간이 휴게실 근처 재활용 물품과 비품이 쌓인 구석진 창가에 놓여 있었다. 그들에게 나는 '전문위원'이라는 이름의 낯선 어공이었고, 껌 씹으며 자문회의에 늦게 도착한 주제에 커피까지 타서 자리에 앉은 굴러온 돌이었다.

담당 팀장과 나는 같은 5급이었다. 30년 가까이 열심히 일해서 5급이 된 사람으로서 기분이 나빴을지도 모르겠다. 내가 얼마나 눈엣가시였을지는 상상하기 나름이다. 팀장은 첫눈에도 똑똑해 보이는 괄괄한 여성이었고, 이외에도 6급 두 명, 7급 두 명의 젊은 남자들로 팀이 이루어져 있었다.

우리가 치고 나가야 할 당면 과제는 도지사의 브랜드 시책인 '가고 싶은 섬' 사업. 오자마자 팀원 한 명은 자신이 올린 검토보고서가 왜 계속 '빠꾸'를 당하는지 긴급 질문을 해 왔다. 그가 가져온 검토보고서 뭉치의 방대한 양에 먼저 깜짝

놀랐다. 300페이지가 넘는 보고서에는 전국의 모든 섬 개발 관련 사례가 요약본과 함께 알뜰살뜰 담겨 있었다.

"고생을 아주 많이 하셨겠네요."

"네, 이거 하느라 근 한 달을 야근했습니다."

"그런데 제 생각엔 이건 아닌 것 같은데요?"

"그럼요?"

"혹시 지속가능한 마을 만들기, 도시재생, 사회적 경제 같은 말 들어 보셨어요?"

"아시다시피 여기 전라남도는 행정에서 그런 것을 직접 다루지는 않았어요. 서울을 비롯한 전국에서 그런 일들이 우후죽순 일어난다는 것은 이번 자료 준비로 알게 됐어요. 덕분에 우리 팀도 공부를 많이 했어요. 그런데 우리는 섬을 잘 개발하는 게 좋겠다는 취지에서 사업계획서를 작성했는데 계속 다시, 다시, 하고 돌아오니 너무 어렵고 힘듭니다."

해양수산국은 항만건설이나 토목, 어획량과 수산 관련한 일들이 주 업무라 담당자와 팀원 모두가 헤맨 것은 당연한 일이다.

"우리 팀 자체 워크숍부터 시작합시다. 알아야 기획이든 개발이든 할 테니까요."

모든 일의 시작은 공부

'가고 싶은 섬' 사업은 2014년 전라남도가 전국에서 처음 시작한 섬 가꾸기 사업으로, 도시재생이나 마을 만들기처럼 지속가능한 섬마을 조성을 목적으로 한다. 어떻게 저런 문구를 선택하게 되었는지 물었더니 예상대로 공무원을 대상으로 한 정책 이름 공모 끝에 당선된 것이라고 했다. 이런 무난 무취한 상상력이라니! 가고 싶은 섬보다 주민이 먼저 '살고 싶은 섬'이면 안 되는 것인가. 방문자 입장에서만 선택한 글귀가 마음에 계속 걸렸다. 이 사업은 도는 물론 시군, 전문가 그룹이 상시 협업하고 공모를 통해 섬을 엄격하게 심사한다. 지원 서류 서면 심사, 섬 주민대표 발표에 이어 현장 방문, 답사까지 한 후 사업 가능성과 주민 참여 정도, 시군 관심도 등 각 부분 점수를 더해 대상지를 최종 선정한다. 매년 두 개의 섬을 선정하기에 더욱 높은 경쟁률을 자랑하는데, 무려 21대 1이었던 해도 있다. 각계각층의 지인을 통해 로비를 하는 주민도 있지만 통하지 않는다. 행정이 주는 점수 폭을 애당초 낮추어 배정하기 때문에 윗사람의 취향이라거나, 연고로 특정한 섬을 낙점할 수 없는 구조. 철저하게 자문위원단이 선정한다. 사업비는 섬마다 5년간 40억 원. 해마다 8억 원씩 투자해 섬에 필요한 일들을 하나씩 해 나간다.

"정확하게 이 사업이 무엇인지 해당 시군도 모르고 있으니 담당자들과 함께 워크숍을 합시다."

　그렇게 열린 첫 번째 행정 워크숍에서 마을 만들기가 무엇인지, 도시재생이 무엇인지, 섬마을 가꾸기 사업이 무엇인지 강의했다. 이 일을 담당할 강진군, 완도군, 진도군, 신안군, 고흥군, 여수시의 시군 공무원이 대거 모였다. 서남해안 지방자치단체 섬 담당들이 다 모인 자리는 즐겁고 유쾌했다. 슬로우시티 청산도에서 연 1박 2일의 워크숍 뒤풀이 때는 각 시군에서 가져온 특산물, 즉 전라도 바다가 생산한 대표 품목이 한자리에 모였다. 각 시군 담당이 모인 자리마다 찾아다니며 앞으로 자주 뵙겠다고 인사하러 다녔다. 몇몇은 아예 병째 들고 내게 모여들었다. 이 놈의 인기를 어쩌면 좋아! 술잔들이 시와 도, 어공 사이를 바쁘게 오갔다. 끝 무렵 돌아다닌 붉은색 술, 진도 홍주가 결정타였던 것 같다. 다행히 변기를 붙들고 오열하지는 않았지만 숙소에서 일어나 보니 신발이 없었다. 아무래도 맨발로 도망친 모양이다. 술독에 제대로 빠진 호된 신고식이었다.

　이방인의 시선으로 섬을 둘러보는 일도 함께 시작했다. 처음 여섯 개 섬으로 시작한 프로젝트에는 해마다 두 곳의 섬이 추가되었다. 2014년부터 2024년까지 총 10년간 진행하는 사업이라 대상지는 앞으로 총 스물네 개의 섬이 될 터였다.

　첫 번째 사업 대상지는 여수 낭도, 고흥 연홍도, 강진 가우도, 완도 소안도, 신안 반월·박지도, 진도 관매도 여섯 개 섬이었다. 와서 보니 이미 정해진 상황이었는데 나는 '한꺼번에 여섯 개의 섬을 가꾼다고라?' 하며 입이 떡 벌어졌다. 사업 진행의 시작과 말미를 모르니 그랬을 것이다. 상황을 들어 보니 주민들 의견과 상관없이 도에서 공모했고 시군에서 응답한 결과였다. 가장 중요한 주민들의 의견과 의지를 생략한 채 시작한 것이다. 훗날, 이로 인한 폐해와 어려움은 이루 말할 수 없었지만 어찌됐건 주어진 일이니 어공은 해야만 했다. 첫 단추는 잘못 끼워졌으나 바로잡아 가면서 할 일을 해야 한다.

기획에서 청소까지, 섬마을 가꾸기 A to Z

◎

전라남도 해양수산국 '가고 싶은 섬' 팀은 섬이라고 하면 자다가도 벌떡 일어나는 막강한 전문가들로 자문위원단을 꾸리기 시작했다. 대한민국에서 인재로 손꼽히는 섬 연구자는 물론 섬 전문 서적을 한두 권 이상 쓴 사람들, 전통 수작업으로 산책로 겸 마을의 생활 길을 만드는 길쟁이 등 우주 최강 전문가로 이룬 그룹이었다. 이 그룹에 끼지 못해 두고두고 욕했다는 자칭 전문가에 대한 후문도 돌았을 정도다. 사업 시작에는 인력 구성이 절반 이상을 차지한다. 섬마을 사업 기초 다지기가 본격 시작됐다.

기본계획의 진정성과 중요성

우리는 이제 사업의 방향을 결정하는 나침반이자, 내 집을 짓기 위한 건축 설계 도면 격인 '기본계획'을 만들기 시작했다. 이 행정 용어는 일반적으로 알려진 것보다 그 위치와 권한이

상당하다. 실행을 위한 중요한 통과의례인 기본계획은 수정이 전혀 불가능한 것은 아니지만 변경하려면 예산을 부여하는 상부의 허락을 맡아야 하고, 합당한 이유를 제시해야 하므로 사실상 처음 그대로 못이 박힌다고 보는 게 옳다. 그래서 무척 신중을 기해 완성해야 하는 작업이다.

기본계획은 입찰공고를 낸다. 그러나 입찰에 참여한 컨설팅 업체들이 마을, 특히 섬마을의 문화나 상황을 짧은 시간에 제대로 이해하기란 힘들다. 업체들은 여기저기 비슷한 사례들을 모아 짜깁기해 가며 기획서를 작성하는 경우가 태반이다. 사실 기획이라는 게 그렇게 얼렁뚱땅 손쉽게 되는 성질의 것이 아니기도 하거니와, 이윤을 추구해야 살아남을 수 있는 컨설팅 업체가 마을에 무슨 애정이 있어서 죽어라 고민하고, 학습하고, 기록하고, 제시하겠는가. 이들을 탓할 필요는 없지만 기본계획서는 아주 중요한 작업이라는 것을 잊지 말아야 한다. 이를 간과하면 뒷감당이 어렵다. 행정에서는 컨설팅 회사에 맡긴 뒤 나온 결과를 그대로 사용하는 경우를 꽤 많이 보는데 이것은 상당히 위험한 신뢰 관계 혹은 포기 관계다. 행정은 제대로 된, 가장 최선의 계획서를 만들 수 있도록 그들을 도와주자.

해법 순서는 이렇다. 마을이 선정되면 기본계획을 담당할 업체를 선정한다. 이때 자문위원단을 호출해 도움을 청한다.

말 그대로 섬마을만 연구한 전문가인 자문위원단은 '척' 보면 '착'이다. 자문위원은 써먹으라고 있는 것이지 가끔 모셔서 행정적 요식 행위를 하며 면죄부를 얻으라고 조직한 게 아니다. 업체가 선정되면 사업 담당 행정과 자문위원이 필드에 나선다. 마을이 속한 시군 담당자와 계장, 과장도 물론 빠질 수 없다. 이들이 앞으로 최전선에서 일해야 할 사람들이다. 민관으로 구성한 합동팀은 약 3박 4일의 일정으로 강행군을 시작한다. 마을의 역사와 문화, 생태, 사람과 길, 마을 자산을 파악하고 주민 인터뷰를 진행한다. 컨설팅 업체는 많이 경험해 보지 않아 생소한 자원 조사에 따라다니며 메모하기 바쁘다. 저녁이면 각각 나눈 분야의 조사 결과를 가지고 숙소에 모여 토론하는데, 이때 주민 대표들도 함께한다.

이어 전문가들은 각자 보고서를 만들고, 시군 행정과 주민 대표 앞에서 발표한다. 컨설팅 업체는 전문가 연구결과를 순서대로 배열하고, 보충 취재하여 기본계획을 완성한다. 같이 일한 업체들은 하나같이 환호성을 지른다. 전국을 다니며 이런 일을 해 왔지만 이렇게 '선진적인 예'를 본적이 없다고 한다. 당연하지, 아무도 그리 안 하니까!

마을 설득하기

하지만 난관이 하나 기다리고 있다. 기본계획을 주민들에게 보고하는 자리다. 그곳에서 주민들의 다양한 희망사항이 펼쳐진다. 이 사업의 본래 취지를 지키는 데 부합하고, 필요하다고 인정하는 주장은 토론을 거쳐 대부분 수용한다. 많은 주민이 처음에는 대규모 개발을 주장한다. 법을 넘어선 무리한 요구를 하기도 하고 특히 토목이나 연안지선 매립, 산림 훼손 등을 동반하는 반환경적 사업들을 주장할 때가 많다. 주로 등장하는 단골메뉴는 다리 건설인데, 그럴 때는 충분히 설명하고 설득하면 대부분 동의한다.

5년간 진행하는 이 사업의 예산은 한 섬에 총 40억 원. 1년에 8억 원씩 집행한다. 그나마도 주민 참여와 관심이 없으면 중간 평가를 통해 중단된다. 그러니 섬을 지키는 주민들이 떠나지 않고 계속 살고 싶은 마을이자, 여행자들이 가고 싶은 섬으로 만드는 것이 사업의 목적이라는 것을 단호하게 설명해야 한다.

섬을 위한 사업은 이전에도 계속 있었다. 행정안전부나 국토교통부에서 시행한 도서개발 사업, 특수상황지역 사업 같은 토목 사업이 대부분이었다. 항구의 배후 부지이자 어민들의 작업장으로 주로 사용하는 물양장이나 여객선이 접안할 수 있게 방파제 시설을 지었다. 상수도 공사나 마을 안길 포장 사업도 있었지만 이처럼 마을공동체 속으로 직접 파고든 사업은 처음이라 섬 주민들은 긴가민가 낯설어하면서도 일단은 환영하는 분위기였다. 물론 그중에서도 이야기는 들어보지 않고 무작정 반대부터 하며 좋은 분위기에 고춧가루 끼얹는 사람들은 꼭 있기 마련! 없으면 오히려 서운한 법이다.

TIP. 제대로 된 자문단을 꾸리자

마을사업을 비롯해 도시재생 사업 등을 시작하는 데 있어 관건은 사업 기획안을 제안하고 검증할 자문위원단을 '제대로' 꾸리는 것이다. 그렇다면 어떤 사람이 좋을까?

1. 맡은 분야를 섭렵한 전문가여야 한다. 이 사업에 관심이 있고 마을공동체 살이에 애정이 있다면 더 좋다.
2. 개인 연구 목적과 연결하는 등 사적 이익을 노리는 사람들은 배제하자.
3. 연령은 20대부터 70대까지 가능한 전 세대를 아울러 골고루 배정하고 여성 위원 수를 늘려 성비의 균형을 맞추자.
4. 책상머리 이론을 고수하는 박사나 교수, 입만 살

아 있는 이론가들은 줄이자. 사업 진행에는 행동력 있는 실천 이론가가 필요하다.

5. 행정의 눈치를 안 보고 할 말 다 하는 사람이라면 금상첨화다.

6. 여기저기 자문위원직을 맡고 있는 사람을 피하고 우리 사업에 집중할 사람을 찾자.

7. 행정 쪽 사람 추천을 자제하고, 안건을 보고 침묵하는 사람들도 없느니만 못 하니 피하자.

눈에 불을 켜고 잘 뽑은 자문위원들에게 적극적으로 도움을 받으면 양질의 기본계획서를 만들 수 있다. 사실상 입찰공고를 보고 지원한 컨설팅 회사들은 마을 사정을 전혀 모른다. 예산도 적고 용역 기간도 짧아서 시간 내에 파악하기도 힘들다. 좋은 계획안을 만들고 싶어도 만들 수 없다는 얘기다. 그러니 마을과는 상관없는 흔한 구상을 나열해 오는 일이 많다. 자문단 구성의 중요성을 아무리 강조해도 지나치지 않은 이유다.

자주 잊히는 섬, 그곳에도 삶이 있다

◎

섬이 과연 어떤 곳인지 한 번쯤 궁금해 본 일이 있는지 모르겠다. 우리는 종종 섬도 사람 사는 곳임을 잊고는 한다. 섬은 오지다. 날씨를 비롯한 다양한 핑계로 배는 섬에 닿지 않는 날이 많고, 섬에 들르지 않을수록 선박회사는 기름값을 아껴 이윤을 남길 수 있다. 섬사람들은 추위와 배고픔을 견디며 우리 바다와 영토를 지키며 살아왔건만 국민 대부분이 누리는 보편적 복지가 섬에는 공평하게 닿지 않는다.

　보통 섬마을은 태풍이 오는 방향을 등지고 있다. 안전이 최우선이기 때문에 섬마을에 풍수지리 따위는 없다. 육지로 오가는 연락선이 가장 가까이 닿을 수 있는 곳에 마을이 있다. 살아남기 위한 생존 전략이 낳은 풍경이다. 태풍은 보통 마을 등 뒤에서 넘어온다. 주민들은 지붕을 단단히 고정하고 납작 엎드려 태풍이 지나가길 기다린다. 섬은 근심에 휩싸인 전투 그 자체인데, 정작 기상예보나 현황 브리핑에서는 해양 영토는 무시한 채 태풍이 육지 어디로 상륙하는지만 계속해서 보도한다. 무수한 바람 표시 빗금 아래 이 나라 국민들이 태풍의 눈 속에, 혹은 태풍을 온몸으로 맞으며 엎드려 숨죽이고 있다. 하지만 어느 한 곳도 섬 주민들의 안부는 묻지 않는다. 육지에 사는 사람만 국민이 아니다. 영토의 끝자락을 지키며 근근이 살아온 사람들도 이 나라 국민이다.

섬을 바라보는 다양한 시선

섬과 육지는 멀다. 하지만 섬과 섬 사이는 더 멀다. 그래서 주민들은 이웃 섬을 방문하는 일이 거의 없다. 시내버스처럼 친절한 도선이 다니지 않아 육지로 가서 다시 이웃 섬에 가는 배를 타야 하기 때문이다. 물론 어선 소유주라면 사정이 다르다.

특히 섬 주민들은 섬으로 여행을 가지 않는다. 섬으로 답사를 가자면 "사는 것만도 지겨워 죽겠는데 또 섬에 가자라고라?" 하며 싫은 티를 낸다. 그러니 전국 다른 섬에 어떤 일이 벌어지고 있는지 알 길도, 관심도 없다. 섬은 다 거기서 거기라고 여긴다.

그러나 섬은 모두 다르다. 육지에서 가까운 섬과 먼 섬이, 경남과 전남의 섬이, 인천과 서남해의 섬이 다 다르다. 같은 도에서도 마찬가지다. 채취 가능한 수산물에 따라 삶의 질이 차이가 난다. 육지에 가까운 섬들은 주로 낙지나 매생이가 나고, 중간 거리의 섬은 미역, 톳, 다시마가 좋고, 더 먼 섬은 전복이나 물고기가 많이 난다.

바다 수심에 따라 어민들의 성격과 삶, 문화도 다르다. 농토가 없는 암반지역 물 깊은 섬사람들은 성질이 급하고 다혈질인 반면 토양이 넓어 논농사, 밭농사를 지을 수 있고, 갯벌이 드넓은 곳에 사는 섬사람들은 한결 느긋하다. 생활력이 강한 것은 섬사람들의 공통된 습성이다. 툭하면 끊어지는 뱃길, 한정된 땅덩어리 속 열악한 자연환경과 지형을 억척스럽게 극복해 가며 자식들을 키우고, 또 살아 내야 했기 때문이다.

섬 개발을 두고 전문가들을 비롯한 사람들의 시선은 보통 세 부류로 나뉜다. 첫 번째는 그냥 그대로 두라는 풍경주의자 부류다. 섬 주민들이 어떻게 사는지 삶의 질에는 관심 없는 시각 낭만형이다. 이들은 섬과 육지를 다리로 연결하는 것조차 못마땅하게 여긴다. 고스란히 낡아 가는 가난한 삶의 모양에 더 가치를 두며, 사진 속 고즈넉하고 쓸쓸한 풍경에 더 감동하는 편이다. 개인 성향이겠으나 존중하긴 어려운 타입이다. 저무는 풍경을 사랑하는 서정 뒤에는 부족한 공감 능력이 자리하고 있다.

두 번째는 섬 주민들 삶의 질을 배려하되 개발은 최소화하고 부디 섬의 천연자원인 경관을 망치지 말라는 유형이다. 가장 보편타당한 해법을 제시하는 편이다. 세 번째는 과감형이다. 섬도 많으니 한두 개는 왕창 어찌해서 골프장으로 만들고 수평선으로 공을 한번 날려 보자는, 지나가는 고래 아저씨가 들으면 기절초풍할 계획을 아무렇지도 않게 주장하는 부류다. 수수방관형 한 부류를 더 추가할 수 있는데 이 셋 모두 아무래도 괜찮다는 무관심형이다. 사실 우리나라 사람 대다수가 여기에 속한다. 섬에는 누구도 별 관심이 없다.

물론 무인도와 유인도의 현명한 이용 방안은 여러 가지 측면에서 고려가 필요하다. 그러나 우리는 아직 섬과 그 섬 주변 해양이 우리나라 영토에 포함된다는 사실조차 인지하지 못한다. 해양 영토를 포함하면 국토가 지금의 네 배 가까이인데도 매스컴에서는 사람으로 치자면 팔과 다리에 해당하는 섬과 해양 영토를 다 자르고 육지부만 간략하게 오려 지도로 사용하기 일쑤다.

가고 싶은 섬보다는 살고 싶은 섬

대한민국 영토에서 단언컨대 가장 아름다운 곳은 섬이다. 숲과 산, 바다와 해변, 어여쁜 마을이 자리한 우리 섬들은 숨은 보석이다. 우리는 이 멋진 자원을 잘 가꾸고 누릴 수 있도록 섬 구석구석의 삶을 보듬고, 주민의 삶이 다채롭고 지속가능할 수 있도록 나서야 한다. 그러려면 '가고 싶은 섬'이 아니라

'살고 싶은 섬'을 지향해야 한다. 살고 싶은 기반을 갖춘 곳이어야 섬은 생기가 돌고, 자식들도 귀향해 먹고살 수 있는 환경이 구축되며 여행자들도 언젠가 가고 싶은 곳 목록에 올린다. '가고 싶은 섬' 사업은 결국 '살고 싶은 섬'으로 만들자는 취지다. 주민을 위한 공동체 활성화 사업, 경관 개선 사업, 주민소득 사업 같은 주민 중심 사업을 처음부터 끝까지 꾸린다. 지금은 사업비가 더 늘었다는 소식을 들었다. 혹자는 섬에 너무 많은 돈이 들어가는 것 아니냐고 마뜩잖아 한다. 그때마다 나는 그대가 사는 도시 속 공원이며 도로, 골목까지 이어지는 가로등, 정류장, 주민센터 같은 그 훌륭한 기반 시설을 만드는 데 사업비가 얼마만큼 드는지 아느냐고 반문한다. 국가 제공 기반 서비스로부터 섬이 얼마나 소외되어 왔는지도 덧붙인다. 다행히도 보통은 "그렇군요. 깊이 생각하지 못했습니다" 하고 말한다.

보통 사람은 섬에 대해 잘 모르니 그럴 수 있다고 치자. 그러나 단체장은 다르다. 그가 섬 주민 삶의 질을 높이는 데 관심이 있느냐가 사업의 향방을 결정한다. 기본계획을 다 마련한 후라도 마찬가지다. 단체장이 떨떠름하거나, "천천히 해" 하고 말하는 순간부터 사업은 표류하고 방랑길에 오른다. 안타까운 일이다. 진행 주체는 수순 밟기를 기다리는 동안 주민들을 학습시키는 준비 운동에 돌입하지만 해가 바뀌어도 맨

날 공부만 시키고, 대체 사업은 언제 하는 거냐고 볼멘소리가 나온다. 기본계획 작성과 각종 보고들, 사업 순서 결정, 예산 배정, 업체 공모와 평가 등 길고 지루한 행정 과정을 기다리다 지친 주민들은 처음의 열성적인 기대를 접고 냉소하기 시작한다. 나는 급기야 순 '사기꾼'이라는 소리도 들어 봤다. "더 기다려 보자"는 여유파와, "말짱 헛일"이라는 급진파로 나뉘어 마을이 어수선해진다.

반면 시장이나 군수가 "섬 사업 잘 되어 가나? 어디까지 진행됐나?" 하고 묻는 순간 담당 공무원은 바쁘고 사업은 탄력을 받는다. 2년이 지나도록 섬 일주 산책로 하나 만든 것 외에는 진척이 없다가 단체장이 바뀌고 미뤘던 일이 한 번에 추진된 곳도 있다. 그 정도로 단체장의 관심은 사업에 지대한 영향력을 행사한다.

가난한 지자체로서 안아야 할 절반의 예산 부담이 있음에도 불구하고, 그 관심과 정책이 귀하고 반갑다며 너무나 열심히 집중 지원한 곳도 있다. 대표 섬이 고흥군 연홍도와 강진군 가우도, 신안군 반월·박지도, 기점·소악도, 완도군 소안도와 생일도다.

팀워크 없이는 마을재생도 없다

◎

"책상머리에서는 결재용 서류 기안만! 현장에 답이 있다! 밥을 먹어도 거기서 먹고, 술을 마셔도 거기서 마시고, 잠을 자도 거기서 자라!"

동료들에게 내가 가장 자주 하던 말이다. 여섯 개 섬을 한 바퀴 돌다 보면 한 달이 훌쩍 지난다. 숙소에는 출장용 배낭에서 쏟아진 빨랫감들이 한 무더기씩 쌓여 갔다.

"아침에 갔다가 저녁에 나오는 출장은 하지 마라. 섬은 하룻밤 자고 안 자고의 차이가 엄청난 곳이다. 볼일만 보고 휑하니 나가버리는 손님처럼 일하지 말고, 쉬어도 주민 속으로 들어가서 쉬어라. 그래야 일이 된다."

무척 힘든 주문 같아 보이지만, 사실 동료들은 내심 좋아했다. 각자 맡을 섬을 정한 후에는 함께 출장을 간다. 갑갑한 사무실에서 보고용 서류만 만들다가 콧구멍에 바람도 쐬고, 처음 접해 보는 마을재생 사업도 배우니 어찌 아니 좋을쏘냐.

벌써 여섯 개 섬재생 사업을 진행한 지 이삼 년이 후루룩 지나고 있었다. 사업에 선정된 섬은 그새 여덟 개에서 열 개로 늘었다. 우리는 분주히 섬과 섬을 교대로 오갔지만 아무리 부지런히 움직여도 한 달이 훌쩍 지나서야 그 섬에 방문하게 될 때가 있었다. 조개처럼 조금 열렸던 주민들 마음이 다시 꾹 닫히는 때다. '왔다 가면 그때뿐'이라는 비관적인 생각이 피어올라서다. 그래서 섬을 포함한 마을사업은 주어진 일만 간단히 보고 나온다는 심정으로 당일치기를 하면 안 된다. 최소 1박 2일, 아니 사나흘 머무르며 주민 곁에 바짝 붙어 신뢰와 애정을 쌓아야만 일을 진행할 수 있다. 얼마나 자주, 가까이에서, 낮은 자세로 경청했는가. 얼마나 얼굴을 가까이 마주 보았는가. 얼마나 많은 대화들이 오갔는가. 얼마나 많은 소주잔을 부딪쳤는가. 이처럼 관계의 거리를 좁히려는 노력이 일의 성공을 좌우한다. 다른 것은 아무 필요가 없다.

열정 팀원을 소개합니다

성격 좋은 토목직 H는 소박한 성격에 주민들과도 곧잘 친해졌다. 나이가 비슷한 어촌계장에게 형님, 형님 하면서 수다도 잘 떨고, 허물이 없어 주민 모두들 그를 좋아했다. 타 부서로 발령을 가고 나서도 주민들이 계속 찾을 정도로 현장형인 늘 공이었다.

행정직 S는 사무실에서 서류 만지는 업무는 똑소리가 났다. 하지만 현장에만 나가면 꿰다 놓은 보릿자루처럼 도무지 어울리지를 못했다. 보기가 짠할 정도였다. 심지어 주민들의 선진지 답사 때 버스 뒷좌석에 버티고 앉아 움직이지를 않자, 한 주민이 물었다.

"저기 저 사람, 군수요?"

수산직 K는 평소 말이 없고 수줍음이 많았다. 사무실에서 팀장이 외쳐 불러도 웬만하면 대답을 잘 하지 않는 강한 멘탈의 소유자다. 하지만 주민들에게는 생글생글 잘 웃으며 금방 가까워지는 신공을 보였다. 다시마 건조 작업 중이던 마을에서는 말 없이 팔 먼저 걷어붙이고 함께 작업했다. 시골 출신 공무원들은 친화력도 좋고 주민들 일을 잘 돕는다. 모두 부모님들 나이대라 마음이 먼저 가는 것이다.

토목직 B는 청사에서 가장 똑똑한 머리를 지녔으나 겨루어 볼 일이 없어 체감하지는 못했다. 명문대 공대 출신이지만 겸손하고 유머가 넘쳤으며 늘 방글방글 웃었다. 둘이 먼 섬에 출장을 갔다가 먹을 게 없어 해변 조개를 캐 서걱서걱한 조개탕을 끓여 먹었던 추억이 있다.

첫 동료였던 이들은 지금 뿔뿔이 흩어졌지만 이들과 함께했던 처음 2년간, 우리는 엄청난 팀워크로 무지막지한 일들을 쳐낼 수 있었다. 심지어 5개국이 참여한 국제녹색섬포럼까지 해냈다. 내 기억 속 환상의 6인조다. 지금도 가끔 서로 안부를 묻는다. 그들은 공무원 생활에서 그때가 가장 재미있고 보람 있었다는 이야기를 해 온다. 팀원들을 늘 달달달 볶아 대던 왈순이 팀장은 당당히 과장으로, 결국에는 국장까지 승진했다. 전국에서 처음 섬 재생 사업을 추진하던 우리 팀 모두 일을 잘 해낸 탓인지, 아니면 행정당국에서 필요성이 강조되었던 것인지 3년 만에 '팀'은 '과'로 확대 개편되었다. 전국 광역 지자체에서 유일하게 '섬해양정책과'가 생겼다. 그녀는 이제 국내에서 둘도 없는 섬 재생 사업 분야 행정 전문가가 되었다. 4년 동안 여러 직원들이 스쳐갔다. 다들 좋았지만 마치 첫사랑을 겪은 듯 첫 동료들이 가장 기억에 남고, 여전히 그립다.

옥신각신하다 정들기 마련

그러나 아무리 좋은 기억이라도 사람과 사람이 만나서 하는 일이 마냥 수월했다는 것은 순 거짓말이다. 당연히 갈등도, 싸움도 있기 마련이다. 특히 마을 만들기 사업은 주민과 공무원, 공무원과 전문가, 도 공무원과 시군 공무원, 주민과 주민 간 갈등이 끝도 없이 일어난다. 하나 마무리했나 싶으면 다음 것이 마치 약속이라도 한 것처럼 끊임없이 반복된다.

터질 것은 빨리 터지는 것이 낫다. 어느 날, 느닷없이 전문가로 비상착륙한 어공의 고집에 심기가 꼬인 왈순이 팀장이 마침내 임계점에 다다랐다. 전문성 없이 성실하기만 한 늘공의 갑질에 울화통이 터진 나도 마찬가지였다. 아침마다 회의 진행, 툭하면 회의 소집, 게다가 주말에도 직원들이 다 나와서 일하기를 바라는 워커홀릭 그녀였다. 잠자는 시간 외에는 근무만이 전부인, 국가 대표급 성실표 팀장의 횡포에 부글부글 끓어오르던 참이다. 둘은 회의 석상에서 그대로 붙었다. 옥신각신하다 결국 나는 툭 질러 버렸다.

"나는 너랑 도저히 일 못하겠다!"

그 이후에 벌어진 사태는 자세한 설명을 생략하기로 한다.

비 온 뒤에 땅이 굳어지는 것이 아니라, 비 온 뒤에 식물이 잘 자란다. 술을 3차까지 마시고 둘은 비틀비틀 거리를 걸어다니며 고래고래 소리를 질러 댔다.

"언니는 잘난 척 좀 하지마아! 우리 공무원들도 일 잘해!"

"누가 못한다니? 분야가 좀 다르다는 거여. 근디 너는 제발 일 좀 하지 마라. 휴일에는 사무실에 나오지도 말고 직원들도 그만 좀 볶아!"

"나는 죽어도 회사, 살아도 회사여! 가장 일찍 출근하고 가장 늦게 퇴근하는 사람이 나여!"

"염병헌다! 잘 노는 사람이 일도 잘하는 법이여. 이제라도 좀 쉬면서 내부적 지식을 가꾸자고! 팀장이 퇴근을 안 하니 직원들이 을매나 불편한지 알어? 지발 퇴근 좀 빨리해부러!"

그 이후로 우리는 더할 나위 없이 절친한 어공과 늘공이 되었다. 나는 경남으로 돌아왔고, 그녀는 승진해서 도청을 떠나 시군 부군수로 일하면서도 걸핏하면 전화해서 '이것 좀 도와주시오, 저것은 어짜믄 좋것소? 우리 직원이 전화할 것이니 잘 좀 도와주시오' 하면서 나를 잘도 부려 먹었다. 일 잘하고 부지런한 그녀는 지금 국장이 되었다. 워메 참말로 멋진 것!

Tip. 지금 싸우고 있는 '늘공'과 '어공'을 위한 충고

'어공과 늘공이 다투거나 붙으면 늘 어공이 진다'라는 게 이쪽 세계에 알려진 정석이다. 왜 그런 이야기가 나왔는지 모르지만 나의 경험상 그 반대다. 행정 관계망에서 승진할 일도, 윗사람에게 잘 보여야 할 일도 없으며, 정 마음에 안 들면 속 편하게 그만두면 되기 때문이다. 물론 그만둘 수 있는 용기와 상황이 뒷받침되어 있어야 한다. 그러나 그만둘 용기도 없으면서 공연히 싸움만 잦으면 그 안에서 왕따가 되는 것은 시간문제다.

몇십 년씩 이 부서, 저 부서에서 만나게 되는 가족관계 비슷한 조직이 행정이며 서로 다른 문화에서 몇십 년씩 살아온 사람들이다. 이견과 갈등은 보너스쯤으로 생각하는 게 좋다. 아무리 공개채용 시험을 치고 들어왔어도 그들이 볼 때 어공은 어느 날 갑자기 조직에 침투한 낙하산이다. 반면 그들은 말단에서부터, 그야말로 박박 기면서 하루하루를 견딘 사람들이다. 그들의 기나긴 인내와 노고를 시원하게 인정하고 민간 공무원으로서 도움이 될 만한 일들을 찾는 게 현명하다.

늘공 역시 어공을 고마운 존재로 생각하고 배려해야 한다. 우리를 도와주러 차출된 야전병이라고 생각해야 한다. 그대들의 자리를 뺏고 싶어도 빼앗지 못하는 구조임을 잘 알지 않는가. 어공은 몇 푼 안 되는 연봉제로 와서 열심히 일하는 것뿐이다. 행정용 서류를 잘 만들지 못한다고 구박하거나 무시하지 말자. 그것을 가장 잘하는 사람들은 행정용 서류 전문가 늘공, 그대들이다. 대신 어공은 그대들과는 다른 분야에 전문성을 가졌고, 늘공을 도와서 좋은 결과를 도출하라고 보내온 사람이니 어떻게든 잘 활용하는 게 오히려 현명하다.

어공이 열심히 일해서 남긴 실적은 어공의 것이 아니라 바로 그대들의 성과라는 사실을 간과하지 말자.

간혹 꼴불견의 어공들도 있다고 들었다. 하지만 어딜 가나 이상한 사람은 있는 법이니 거울로 삼아 나는 저러지 말아야지 생각하면 그것도 인생 공부다. 뭐 우야겠노, 잡아먹지도 못하고.

꿰뚫어 보아야 그 섬이 보인다

생일도 이야기

날마다 생일인 섬

◎

완도 생일도(生日島)는 말 그대로 생일섬이다. 배에서 내리
자마자 커다란 케이크 조형물이 여행자를 반긴다. 설마 하고
왔던 사람들이 빵 터지는 순간! 우르르 몰려가 기념사진을
찍는다. 이곳을 처음 방문했을 때, 여객선 대합실 옥상에 있
던 커다란 케이크는 1980년대 '초원빵집' 수준이었다. 생일
도에 당도했음을 알리는 가장 중요한 상징이니 그것 말고 더
멋진 케이크를 만들어야겠다 싶었다. 그래서 기존 것을 철거
하고 대합실 인근 공터를 확보해 현대 감성으로 다시 제작했
다. 하지만 결과적으로는 아쉬움이 남는 작품이다.

지자체가 만든 캐릭터가 촌스러운 이유

지자체나 정부의 공공미술이 작품성을 담보하지 못하는 것
은 갑갑한 결제 집행 구조 때문이다. 본래 의도에 맞는 출중
한 작가와 작품이 있더라도 직거래를 못 한다. 모조리 공개입

찰 형식이다. 조각, 조소, 미술작가가 무슨 사업자등록증이 있을 것이며, 무슨 수로 그 많은 서류를 마련하여 정부의 전자입찰에 응한단 말인가. 애당초 좋은 작품을 선택할 수 없는 구조이니 공무원들의 미감을 너무 욕하지 말기를 바란다. 주로 지역 내 중소업체들이 입찰 대상으로, 운 좋게 입찰에 붙으면 작가 한 사람에게 일을 맡기는데, 문제는 작가를 선정할 때도 임금을 따진다는 것이다. 작품성은 뒤로하고 가격만 바라보고 있으니 어떻게 멋진 작품이 나올 수 있겠는가. 애당초 기대하기 어렵다. 복잡한 예산 집행 과정은 부정부패를 방지하기 위해 마련한 방안이지만 지역 공공미술 수준을 현저히 낮추는 행정 편의용 정책이기도 하다. 전국 곳곳에 흩어진 공공미술의 무용함을 보며 한숨짓는 이들이 많다. 개중에는 차마 보기가 부끄러울 정도라 최악의 예술품 순위에 자동 등재되는 경우도 있다. 생일도 케이크는 귀여운 정도다.

훌륭한 작가를 찾아 충분히 교감한 후에 실행해야 할 공공미술 사업을 가장 불합리하게 통용해 도시나 마을 흉물로 자리 잡는 데 일조하게 되면, 일하는 사람도 힘들고 괴롭다. 그렇게 완성된 작품 앞에서 모두 절로 고개를 돌리고 만다. 물론 특수한 경우 '협상에 의한 입찰방식'도 취할 수 있지만 선호하는 공무원은 없다. 책임지려고 하지 않기 때문이다. 지자체 감사실은 악명이 높은데, 예산 쓰임새를 잘 감사하려고 하는 일이니 그들을 탓할 것도 못 된다. 그러나 아이러니하게도 정책 감사는 항목에조차 없다. 오히려 정책의 모범 여부나 지향을 감사한다면 지자체의 발전이 담보되련만 오로지 돈이 잘 쓰였나만 보는 것이 아쉽다. 물론 소중한 세금이 잘 쓰이는지 감시하는 것도 중요하고, 공무원들에게도 사정이 있다. 공무원들은 감사실에 불려가서 해명하는 일을 수치로 여긴다. 행여 불리한 점수라도 받으면 인사 철에 불이익이 있다. 그러니 누가 위험을 무릅쓰고 협상에 의한 입찰방식을 고집해서 보다 좋은 작품을 만들려 애쓰겠는가.

생일도의 초대형 생일 케이크도 그런 경우다. 당초 의도는 좋은 작가 군단이 상주하며 마을과 소통하고, 스토리텔링하여 세상에서 가장 근사한 생일 케이크를 만들어 보자는 것이었다. 그러나 훌륭한 작가를 섭외할 기회는 사라졌다. 그렇다고 행정이 무리한 위험을 무릅쓰는 일을 억지로 권유할 수는 없는 일이었다.

행정 절차를 통해 만난 업자가 처음 내놓은 도안을 보고 웃음이 새어 나왔다. 차라리 지금 대합실 옥상에 있는 유리섬유강화플라스틱 소재의 촌스러운 케이크가 더 정겹고 낫다는 생각이 들었다. 그러나 어쨌거나 일은 계속되어야 했다. 그를 어르고 달래 가며, 때로는 잔소리를 해 가며 케이크에 양초를 하나라도 더 꽂고, 딸기 장식이라도 더 얹기 위해 애

썼다. 하나라도 더 얻어 내려는 자와 한 푼이라도 더 아끼려는 자의 신경전은 이 사업 내내 줄다리기처럼 이어졌다. 결국 나는 팔자에도 없는 '마녀'라는 별명을 얻었다. 영광이지 뭐!

풍성하고 안락한 섬, 생일도

생일도는 면 단위의 큰 섬으로 산세와 지형이 부드럽고 편안하다. 섬 가운데에는 그림자 산이라 불리는 백운산이 솟아 있다. 활엽수로 이루어진 숲이라 겨울이면 완벽한 나목들의 군락이다. 산 그림자가 겹치면 능선이 투명하게 보인다고 해서 투명산이라 부르기도 한다. 백운산 가는 길에는 학서암이라는 조그만 암자가 있는데, 비구니 스님이 따뜻한 차를 내어 주며 객을 반긴다. 암자에서 내려다보는 생일도 풍경은 여느 시골마을처럼 아늑하고 풍성하다.

생일도는 면사무소와 식당, 학교와 보건소를 갖추고 있어 놀기 좋고 살기 좋은 섬이다. 최근에는 24시 편의점도 들어와 "우리 마을도 도시가 되었다"며 주민들이 무척 반겼다. 섬을 한 바퀴 둘러 걸을 수 있는 산책로가 잘 조성되어 있고, 금곡마을에는 모래 해변이, 용출마을 앞에는 몽돌 해변이 있어 취향대로 옮겨 가며 쉬기 좋다. 최근에는 멍 때리기 좋은 섬으로도 알려졌다.

주변 바다는 맑고 깊어서 전복이며 미역 같은 해조류가 많고 고기도 많이 잡힌다. 부유한 자원을 가진 셈이다. 이 섬에서 맛보는 전복회, 전복찜, 전복물회, 전복미역국은 정말 귀한 생일 선물 세트다.

정경이 아름다운 용출마을에서는 무인도인 소용량도가 건너다 보인다. 소용량도 숲속에는 깊고 커다란 우물 같은 수직동굴이 있다. 주민들과 현장을 답사하면서 바다로 뚫린 이 신비한 동굴을 자원 삼아 뭘 할까 여러 가지 궁리를 했다. 수직동굴에 출렁다리를 설치하고 유람선을 띄워 관광지로 만들자는 제안이 많았다. 하지만 고심 끝에 그대로 두자고 결론을 내렸다. 어떤 소중한 것들은 그저 그대로 내버려 두는 것도 계획이요 전략인 것.

마을식당 좀 해 봅시다

생일도 '가고 싶은 섬' 사업은 쇳기미마을이라고도 불리는 금곡마을에 풀장을 갖춘 마을숙소 두 곳과 마을카페 두 곳을 짓고, 옛길을 복원하는 작업으로 이어졌다. 평생 외항선을 타며 주방장을 했다던 한 주민은 본인이 중식과 일식은 물론 양식과 한식까지 못 하는 게 없다며 마을식당을 먼저 지어 달라고 외쳤다. 그러나 식당이란 것이 어디 그렇게 쉽던가. 새벽부터 장을 보고 준비를 해도 손님이 올까 말까 한 곳이 섬 식당이다. 남은 음식들은 쓰레기가 되고, 그게 조금만 되풀이되면 금세 동네 할머니들은 풀이 죽는다. 결국 사람 기다리는 게 힘이 들어 못 하겠다며 집으로 돌아간다. 서비스 교육, 음식점 허가, 위생 교육 같은 여러 난관을 거쳐야 하는데 동네 할머니들은 그저 집에서 손주 밥 차려 먹이듯 하면 다 되는 줄 안다. 손맛이야 따라갈 사람 없지만 그렇다고 그곳까지 밥을 먹으러 찾아오게 한다는 것은 쉬운 일이 아니다.

젊은 셰프를 초빙해 '한 접시 요리' 교육을 해 보았다. 생일도에서 나는 재료를 이용해 간단하지만 맛있게 할 수 있는 요리로 선정했다. 할머니들의 호응이 상당히 높았다. 그러나 버터에 다진 마늘과 함께 볶은 전복을 밥에 얹고 깻잎을 곁들인 단품 요리가 정말 맛있다고 하면서도 "차린 게 없다"며 썩 내켜 하지 않았다. 봉긋한 밥과 전복찜, 오이절임이 어우러진 아주 멋진 단품 요리 앞에서도 걱정이 많았다.

"긍게, 거시기 이것 하나만 주라고?"

손님을 위해 풍성하게 담아 차리는 남도 먹거리 문화와는 세상 딴판이었던 것이다. 식당은 차리는 사람 스스로 마음에 들어야 하는데, 그렇지 않으니 마을식당은 자꾸만 문을 닫았다. 경험 있는 주민이 마을기업에 월세를 내며 운영해 보기도 하고, 외지인을 불러 보기도 했다. 그러나 절박함 없는 경제 활동은 실패하기 마련이다. 내 일도 아닌, 마을 공동의 일이 뭐 그리 절박하겠는가. 여전한 아쉬움으로 남는 시도다.

마을사업이란 자고로 그것을 실제 운영하는 마을주민의 뜻이 한데 모아져도 성공할락 말락이다. 생일도에서 다시금 그 사실을 배웠다.

연홍도 이야기

온통 미술관이 된 마을

◎

섬에 닿던 날, 연홍도의 첫인상은 밋밋했다. 기암괴석도 없고, 해변은 핼쑥하고 절경도 없이 앞뒤로 평범했다. 보통, 섬들은 앞태가 그저 그래도 뒤태는 아주 다른 풍경을 갖고 있기 마련인데 마을 뒤편 자그만 모래 해변은 오히려 자갈이 훤히 드러나 있었다. 풍성하던 모래 해변이 저리 바뀐 데는 차마 웃지 못할 사연이 있다. 너나없이 어렵던 1970년대, 모래를 퍼 오면 밀가루로 바꿔 준다고 하여 주민들은 시나브로 해변 모래를 퍼서 날랐다고 한다. 당연히 절반으로 줄어든 모래는 원래대로 돌아오지 않았다. 주민들은 박장대소하며 그 시절을 회상했다.

"아따 우리는 퍼내도, 퍼내도 모래가 계속 쌓이는 줄 알았당게요! 없어질 줄 알았으면 누가 그랬것소!"

모래나 자갈은 파도가 데려오는 게 아니라, 인근 소하천에서 흘러내린 바윗돌이 잘게 부서져 작은 돌이 되고 그 작은 돌이 더 부서져 모래가 된다. 그 시간은 대략 5000년쯤 걸린다. 나는 이렇게 아는 소리를 보탰지만 자식새끼들 굶겨 죽이지 않으려고 마대에 열심히 모래를 퍼 담아 날랐을 주민들 모습을 상상하니 안타깝고 웃음도 나왔다.

이름이 어여쁜 섬, 연홍도는 이 끝에서 저 끝까지 뛰면 30분도 채 안 걸리는, 둘레 2.5km의 낫 놓고 기역자처럼 생긴 작은 섬으로 고흥군 거금도에 딸린 작은 섬이다. 한국에서 가장 따뜻하다는 고흥반도 끝자락 신양마을 선착장에서 크게 소리치면 들릴 만할 곳에 있다. 기암괴석이 아름다운 완도 금당도의 화려한 뒤태가 바다가 만든 병풍처럼 건너다보인다. 이 섬에는 50가구 100여 명이 한 마을을 이루어 산다. 김 공장이 없던 옛날에는 마을 전체가 짚으로 만든 김발을 골목마다 세워 놓고 김을 떠서 말렸다. 지금은 다시마가 많이 나고, 쏨뱅이가 많이 잡힌다.

밥으로 맞바꿔 모래가 듬성한 해변 입구에는 폐교가 하나있다. 자세히 들여다보니 작은 미술관이다. 태풍으로 마당은 함부로 패여 있고, 운동장에는 굵은 자갈돌이 즐비했다. 낡아서 후줄근했지만 작품이 걸려 있는 엄연한 미술관이었다.

그날, 현지 조사를 함께 나온 자문위원들과 우리는 밤샘토론을 하며 섬의 청사진을 허공에 추상화처럼 마구 그려 보았다.

'가고 싶은 섬' 연홍도 사업 첫 추진위원장은 정년퇴직한 공무원으로 행정의 맥락을 잘 이해하는 선한 심성의 어른이었다. 막걸리 한잔에 젓가락 장단이 기가 막힌데, 말투가 순박하고 아무리 화가 나도 욕을 못 한다. 함께 일하면서 그분이 가장 심하게 한 욕은 '악녀'다. 작은 일에도 경찰을 불러대는 말썽쟁이 아짐씨를 보며 한 한마디다. 사람을 반갑게 맞이하는 습관도 지녔는데, 100번을 가면 100번 기분 좋게 인사한다. 인생 도처에 스승이 있다고 했던가. 덕분에 나도 배우는 게 많았다. 사람 대할 땐 자고로 저리 친절해야 한다고 스스로를 다독이기도 했다. 하지만 자주 인내심의 바닥을 드러내는 나로서는 표정 관리가 가장 어렵다. 어쨌거나 일하는 데 있어 파트너를 잘 만나는 것은 첫 번째 행운이다. 그런 점에서 연홍도는 행정 담당도, 마을 대표도 모두 좋은 사람이었다. 일단 예감이 좋았다.

섬은 사실 크게 볼 만한 포인트가 없었기에 고민에 휩싸여 마을만 계속 싸돌아다녔다. 마음 답답할 때는 그게 최고다. 그러다 보니 골목이 아기자기 좋다는 것을 알았다. 골목 끝은 건너편 바다로 이어졌다. 빈집 마당을 기웃거리다 당산이 있던 건너편 언덕에도 오르고, 바닷가를 걸으며 폐교까지 여러 번 왔다 갔다 했다. 폐교는 주민들이 다녔던 분교였다. 지역 작가가 매입해 미술관으로 만들었는데, 운동장과 건물은 폐허가 되어 가고 있었다. 그렇다. 바닷가의 작은 미술관! 포인트는 거기 있었다.

미술관에 들어서자 조선시대 미인풍의 해사한 여인이 어인 일로 오셨냐고 다정하게 물었다. 멋진 미술관장도 만났다. 두 부부는 50대 중반의 어진 사람들이었다. 안주인은 거문고를 배우고 돌아오는 길이라고 했다. 복구하지 못한 낡은 건물을 견디고 살며 배우는 거문고라. 하긴, 건조한 바위에 촉촉한 이끼를 키워야 풀잎이 돋고 꽃도 피는 법. 안주인은 음식솜씨도 기똥찼다. 관장은 부잣집 아들로 자라 고생은 안 해 보고 산 듯했다. 안주인은 심사 편한 신랑을 만나 고생도 많았단다. '거시기, 사랑이 뭐라고' 남편을 따라와 찾는 이 없는 폐교 미술관 사택에서 둘이 겨우겨우 그러나 한껏 사랑하며 살아 내고 있었다. '가고 싶은 섬' 사업은 두 부부가 마을주민을 설득해 시작한 일이다. 우군을 만난 것이다.

'연분홍 치마'로 주제를 정한 것은 이 미술관 때문이다. 우여곡절 끝에 우리는 작은 폐교 미술관에 갇힌 미술이 아니라 '섬 전체로 걸어 나간 미술관'이라는 방향으로 예술 영역을 확대하기로 결정했다.

주민들은 첫 만남 때 열렬한 환영 박수를 보냈다. 연홍도에 변화가 시작된다는 설렘과 기쁨에 친 박수였을 것이다. 사업 취지와 내용, 5년간 이 사업을 어떤 순서로 진행하는지를 쉽게 알아들을 수 있는 언어로 차근차근 설명했다. 사업과는 상관없이 수십 년 묵은 숙원 사업이 어떻게 되어 가는지를 묻는 주민들의 중간 질문도 적절히 쳐냈다.

"며칠 후 전문가들이 와서 이것저것 질문을 할 것이니 설명을 잘 해 주세요."

첫 대면을 마쳤다. 인심 좋은 섬 주민들은 어느새 먹거리를 장만해 놓고, 막걸리라도 한 사발 하고 가라며 붙잡는다. 당연한 자리이니 같이 앉아 대화를 나눈다. 한결 더 푸근한 이야기들이 오간다. 주민들의 표정이 밝아서 좋았다. 특히 김길곤 추진위원장은 원래는 공무원으로 정년퇴직하고 고향에서 한가하게 낚시나 하고자 했는데 "코가 잘못 꿰이어서" 월급 한 푼 없는 추진위원장직을 맡아 수년간 몸 고생 마음고생을 많이도 했다. 그럼에도 그는 군이나 도, 컨설팅팀과 현장 미술팀에서 수없이 찾아가도 인상 한 번 구기지 않았다.

얼개를 잘 짜기 위해 전문가들이 섬에 들어오기 시작했다. 자원조사 이틀 동안 경관에 관심 있는 사람은 산과 들로, 마을 역사와 전통에 관심 있는 사람들은 사람 속으로, 해양 생태를 조사하는 사람은 바다로 갔다. 해가 지면 숙소에서 토론회가 벌어졌다. 주민대표단도 함께하는 귀한 시간이다. 이 자리에서 연홍도라는 작은 섬에 스민 이야기가 한없이 풀려나왔지만 쉽게 무언가가 손에 잡히지는 않았다.

사실, 마을에 마땅한 꺼리가 없으면 있는 그대로 두어도 된다. 마을 복지를 위한 일들만 해도 충분하다. 그러나 행정은 표시가 나는 일을 원한다. 예산 쓰임새가 눈에 보여야 안심한다. 담당 시군과 마을주민이 원하는 방향도 중요하다. 여행지 조성을 원하는지, 아니면 다른 특화 마을을 원하는지 방향을 재차 확인해야 한다. 이도 저도 애매한 상황이라면 무에서 유를 창조하면 된다. 전제 조건은 자연환경을 훼손하지 말 것, 마을자원에서 힌트를 얻어 확대 재생산할 것, 주민 소득 향상과 직결될 것, 해당 지자체가 지향하는 콘셉트와 호흡을 맞출 것 등이다. 다행히 연홍도가 속한 고흥군은 화가 천경자의 고향이라 '지붕 없는 미술관'을 지향했다. 작은 섬 미술관을 마을 전체로 확장시켜 보자는 데 모두 합의했고 기본계획이 마련되었다.

미술 섬 연홍도를 위한 제반 과업지시서 작업이 시작됐다. 이러한 형식과 내용으로 프로젝트를 해 본 적 없는 지자체 담당 공무원은 그야말로 죽을 맛이었다. 40억짜리 공사가 건별로 쪼개지니 개당 사업만 수십여 개에, 사업마다 계획서를 써야 했기 때문이다. 구매를 위한 계약과 심사도 남았다. 무엇보다 과업지시서 쓰는 일도 녹록지 않으니 난감 일색이었다.

이럴 때 도우라고 나 같은 '어공'이 있는 것이다. 무엇을 어떻게, 어떤 방식으로 진행할 것인지를 꼼꼼하게 적어 전달한다. 늘공은 비로소 그 내용을 행정 기안에 옮긴다.

연홍도의 숨은 매력 발견

연홍도는 주변 바다가 좋아서 먹거리가 풍부하다. 생선도 많이 나지만 다시마가 특산품이다. 교육 일정이 있어서 섬에 간 그날은 하필 모든 주민이 동원되어 다시마 작업을 하는 날이었다. 두껍고 질 좋은 다시마였다. 함께 간 도청 담당 공무원과 넓은 밭에 다시마를 널고 말리는 일을 하루 종일 거들었다. 진초록 다시마가 한나절 만에 검고 단단하게 변했다. 그것을 다시 하나씩 걷어서 부서지지 않도록 차곡차곡 쌓아 묶고 포장했다.

품삯으로 받은 다시마 몇 장을 숙소에서 밤새도록 가위로 잘라 먹었다. 맥주 안주로 그만이었다. 이 귀한 것을 말도 안되는 싼값에 도매로 가져간다는 사실을 알고 화가 났다. 도매에 넘기기보다 잘 만들어서 마을 방문 손님 대상 직접 판매와 인터넷 직거래를 하면 좋겠다고 하니, 주민들 모두 "그라제, 그래야제, 너무 아깝단 말이시!"를 연발했다. 공동작업장 신축 항목을 기본계획서에 바로 추가했다.

　이 섬은 마을 지명도 재미났다. '아르끝'과 '좀바끝'이라는 심상치 않은 지명인데, '아르끝'은 섬 아래 끝이라는 뜻이고 '좀바끝'은 쏨뱅이가 많이 잡히는 곳을 뜻한다고 한다. 우리는 끝과 끝을 연결하는 섬 산책로를 만들었다. 수작업으로 전통 흙길을 내는 팀이 선정되어 둘레길을 만들었다. 포클레인으로 길을 만들면 주변부 훼손과 손실이 너무 많다. 지나치게 길 폭이 넓어지기도 해서 인위적인 느낌을 버릴 수가 없다. 포클레인이 지나가면 기슭이나 묏등도 무너지고, 나무뿌리는 물론 땅이 벌겋게 드러난다. 그 황폐한 모습을 보면 기가 막힌다. 물론 보강팀이 흙을 메우고 주변을 정리하는 작업을 하기는 한다. 그래도 한 번 손상된 자연은 전과 다르기 마련이다.

　전통 기법으로 길을 만드는 팀은 색달랐다. 사람 손으로 곡괭이, 괭이, 호미 등을 써 가며 길을 만든다. 먼저 작은 오솔길을 찾아 표시하고, 나무가 자라서 사라진 길도 찾아낸다. 일단 노선을 찾아서 정하면 쉽다. 길에 무너져 내리거나 배가 불룩한 돌담을 다시 쌓고, 잡풀을 제거하고, 경계를 넘어온 흙과 경사면에서 흘러내린 흙더미를 걷어내 좁아진 길 폭을 원상 복구한다. 곳곳에 있는 작은 골짜기에서 물이 잘 흐르도록 배수로 공사를 한다. 배수로 공사는 빗물이 흘러내리던 방향으로, 혹은 완만한 곡선으로 만들어 사람이 건널 때 아무런 방해도 받지 않도록 배려했다. 흙다짐 공법, 들여쌓기, 내쌓기, 물길내기, 내림흙 다듬기 같은 아름다운 전통 토목 용어들도 자주 들을 수 있었다. 석재 같은 재료를 가져오는 일도 없었다. 모두 현장이나 주변에서 재료를 확보하여 해결했다. 남도의 끝에서 한양까지 흙길을 내던 그때 그 방식이었다. 그렇게 손으로 만드는 길은 일 진행 속도도 빨랐고 돈도 적게 들었다. 금방 만든 길 위에 낙엽 한 줌을 뿌리니 오래된 오솔길처럼 정감 있고 온순했다.

미술로 진화하는 섬

작가들은 마을 해변에 떠밀려 온 것들을 소재로 작품을 만들었다. 바닷물에 오랫동안 절여져 더욱 단단해진 나무, 주낙용 플라스틱 어구와 철 구조물 같은 것 외에도 오랜 시간이 지나면 다시 자연물로 해체될 것들을 작품으로 승화시켜 '정크아트'라는 이름으로 하나둘 뭍에 올렸다.

2년차에 접어들면서 작은 섬 미술관을 사들여 공공의 미술관으로 리모델링했고, 카페와 마을식당, 마을숙소를 차례대로 완성했다. 수작업으로 완성한 2.2km 길이의 산책로를 따라 섬 한 바퀴를 돌며 사방 풍경을 고스란히 만끽할 수 있다. 곳곳에 의자와 평상을 설치했는데, 관광객이 반나절만 걷

고 나가는 일을 방지하기 위한 나름의 의도된 조성이자 방책
이다.

'후박나무 그늘이 있는 평상에서 한숨 자고 가시오. 파도
소리 벗 삼아 누우면 금방 낮잠에 들 것이오, 일어나서 휘적
휘적 해변을 걸어 나오면 배가 고플 것이니, 마을 엄니들이
하는 식당에 들러 맛있는 쏨뱅이 매운탕에 다디단 밥을 드시
오. 마을숙소로 가서 지는 해를 보며 멍을 때리다 쏟아지는
별을 보시오. 단잠을 자고 가시오.'

포구에는 사람 키보다 더 큰 소라 조형 두 개가 들어섰다.
마을 골목 낮은 벽마다, 해안도로 몇 곳에, 밭 언덕 가운데, 미
술관 가는 길에, 작품이 들어서며 미술이 있는 섬마을로서 자
격을 갖췄다. 이렇게 되기까지 마을회의와 주민교육이 수십
번 이어졌다. 때로는 큰소리도 오갔고, 어제의 협조자가 내일
의 미운 사람이 되기도 했다. 물론 오늘 미운 사람이 내일 둘
도 없는 친구가 되기도 했다. 마을은 그런 곳이다.

민원은 날마다 발생했다. 삭막한 시멘트벽을 가리려 애써
심어 놓은 넝쿨식물인 마삭줄이 보기 싫다고 뽑아서 던져 버
리는 사람, 원래부터 금이 가 있었으면서 골목 바닥공사 때문
에 지붕이 깨졌다고 물어내라는 사람, 산책로에 자기 밭이 포
함된 것 같다며 지적 측량을 못 믿겠다고 고함치는 사람, 사
업 내내 비아냥거리기를 취미 삼는 사람. 마을에서는 이런 일

들이 예사로 일어난다.

섬 미술관 연홍도 개관

'연분홍 치마 연홍도'는 2017년 5월 13일, 우여곡절 끝에 여는 날 행사를 갖고, 새 단장한 섬을 개방했다. 흰 티셔츠 수백 장이 긴 빨랫줄에 가지런히 널려 펄럭였다. 이 대지미술 작품은 한국예술종합학교가 기획했다. 당시 군을 맡았던 박병종 군수는 기어코 나를 불러내서 연단에 세우고는 얼굴이 화끈거릴 정도로 감사하다는 말씀을 길게 전했다. 섬이 생기고 가장 많은 사람들이 방문했다던 그 봄날이 생생하다. 즐겁고 눈부셨으며, 사람들 모두가 꽃잎 같던 아름다운 날이었다.

고흥 연홍도는 대한민국에서 유일하게 섬 미술관이 있는 마을이다. 작품은 미술관을 나와 온 마을에 퍼졌다. 골목길 담장 위나 마을 앞 선창에 있는 멋진 조소 작품과 기발한 정크아트 작품들이 마을 골목과 지붕에 자리를 잡았다. 섬을 찾는 손님이 많아지자 생활협동조합이 운영하는 숙소와 식당, 마을공동 작업장은 바쁘게 돌아갔다. '섬 코디네이터' 교육을 착실하게 받아 온 연극인 출신 마을 사무장이 오늘도 활기찬 마을 일꾼으로서 일하고 있다는 소식을 SNS를 통해서 보고 있다. '섬 코디네이터'란 전라남도 섬발전지원센터에서 운영하는 섬 활동가 양성교육의 기초와 심화 과정을 모두 밟은 후

현장에서 일하는 사람들을 말한다. 양성 과정은 현재도 진행 중이다.

군에서도 적극적이다. 섬 부흥회를 열어야 한다는 생각으로 해마다 섬 미술 축제를 열고 작품을 업그레이드하여 여행자에게 새로운 볼거리를 제공하고 있다. 섬을 오가는 배도 새로 만들었다. 미술섬으로 가는 배답게 그림을 그려 넣은 어여쁜 배가 하루에 일곱 번씩 거금도 신양선착장을 오간다. 배는 겨우 3분 걸린다.

관매도 이야기
두 마을의 운명

◎

관매도는 섬이 많아 다도해라 불리는 서남해 앞바다 섬이다. 다도해에 속한 섬의 크기는 다양하다. 거제도, 남해, 진도, 완도 등 시군 단위 섬에서부터 보길도, 소안도, 신안군 압해도, 통영 욕지도, 한산도처럼 읍면 단위의 큰 섬도 있다. 한두 명 사는 작은 섬, 열 명에서 50명 미만의 인구가 사는 섬도 많다. 한때는 지금의 열 배가 넘는 인구가 살았을 정도로 북적였던 곳이 대부분이다. 섬사람들은 모두 어디로 갔을까. 자식들을 대도시 공장으로 보내고, 더러는 공부 뒷바라지를 하느라 가족 구성원 전체가 섬을 떠난 집도 많다. 섬에서 하나둘 짐을 싸서 떠나던 때를 회상하던 한 할머니를 만난 적이 있다.

"섬에서 죽음과 헤어짐은 일상이었어. 배 타고 고기잡이를 나가서 못 돌아오는 사람, 아픈데 병원에도 못 가보고 죽는 사람들을 수도 없이 봐 왔지. 노를 저어서 육지 병원에 간다는 건 꿈도 못 꾸던 시절이었어. 그저 하늘의 뜻인가 보다

체념하고 살았지. 가장 힘든 건 수십 년 동안 등 기대어 살았던 이웃이 섬을 떠나는 일이야. 간다는 소문이 날 때부터 가슴팍이 뻥 뚫린 것처럼 에리다가 막상 가는 날은 내다보지를 못해. 이것저것 일을 하는 척하지만 신경은 온통 옆집에 가 있지. 마침내 오지 않았으면 싶던 배가 들어와. 잘 가라는 배웅도 못 하고 등 너머에 앉아서 배가 안 보일 때까지 울었어. 그런 저녁에는 남편도 말이 없고, 친구 잃은 아이들도 조용했지. 섬에서는 그렇게 떠나가면 끝이었어."

너무도 쓸쓸했을 그 섬의 저녁이 눈앞에 선연했다.

밥숟가락 개수까지 불게 하는 청취의 기술

관매도는 서남쪽에서도 먼 섬이다. 진도항에서 배를 타고 한 시간 넘게 가야 닿는다. 섬이 많이 모여 있어 군도(群島)라고 불리는 조도면에 속해 있다. 다도해해상국립공원으로 지정될 만큼 아름다운 비경을 자랑한다.

사흘 만에 떴다는 배는 11월 늦가을 바다를 헤치고 달렸다. 그렇게 처음 마주한 섬의 첫인상은 쓸쓸했다. 아마도 늦가을이라 그랬을 것이다. 섬의 표정은 계절마다 다른 얼굴이다.

이장님 댁을 물어서 찾아갔다. 오랫동안 이장을 지냈다는 그에게 이래저래 해서 먼저 찾아왔다고 하니 "그래서 뭘 한다는 거요?” 하며 별로 반기지 않는 눈치였다. 미역 따러 가는 길이나 내주면 좋겠다고 한다. 산 너머에서 작업을 하고 무거운 생미역을 지게에 지고 가파른 산길을 오르내리고 있으니 경운기가 들어갈 수 있게 길을 넓혀야 한다는 것이다. 수년 째 호소했지만 국립공원이라 어렵다는 답변만 돌아온단다.

“섬 주민들이 먼저 먹고살게 해 주고 공원을 하든지 공장을 하든지 해야제!”

“백번 옳으신 말씀입니다.”

소하고도 대화가 통한다는 소통의 첫 번째 방법은 상대방의 하소연에 진심으로 공감하는 것이다. 평가와 판단은 유보하는 게 좋다. 무조건 듣는다. 어쩌다 한두 시간씩 귀를 내주어야 할 때도 있지만 그만큼 얻는 정보가 많아지니 나쁠 게 없다. 마을 이야기, 자신이 해 온 여러 사업들, 이제는 나이가 들어서 내년에는 이장을 그만두겠다는 말까지. 부엌에 있던 할머니가 덧붙인다.

“아따, 거시기 10년 전부터 그만둔다더니 여태껏 하고 있당게요! 지발 좀 그만두고 낚시나 살살 댕김서 괴기나 좀 잡아 오시랑게요!”

숙소를 이장 댁에 구해 놓고, 작은 배낭에 물과 간식을 챙겨 넣고 마을길 여행에 나섰다. 섬 한가운데가 10만 평가량의 넓은 습원을 이루고 있었다. 1구 관매마을을 돌아 3구 장산 편마을까지 가는 길에서 이 놀랍고도 독특한 풍경을 만났다. 갯벌이 펼쳐진 서해의 섬이라 가능한 지형이다. 섬의 북쪽에는 돈대산이 솟아 있고, 산을 중심으로 이쪽과 저쪽에 큰 마을이 있다. 솔숲을 두고 관매마을에서 저만치 떨어져 있는 장산편마을에는 겨우 서너 가구가 산다. 볕이 좋고 뒤로는 산, 앞으로는 들이 펼쳐져 있어 좋지만 선창에서 꽤 멀다. 오가기가 쉽지 않아 아마도 가장 빨리 사람들이 떠났을 것이다.

골목에서 만난 어머니들에게 고구마를 얻어먹고 방아섬으로 출발했다. 장산편마을 왼쪽에 방아섬 가는 길이 관매마을 이장님이 말한 그 미역 나르는 길이다. 요즘은 작업한 미역을 대부분 배에 실어서 항구로 돌아가 작은 크레인으로 끌어올린다. 그러나 더러 갯가의 것은 아직도 지게나 경운기로 지고 날라야 하는데 이 길이 그 길이란 말씀이다. 국립공원으로 지정해 놓고 관리보다 규제만 강력한 곳이 여럿 있다. 주로 해상국립공원이 그러하다. 재산권 침해가 크고 집을 마음대로 지을 수도 없어서 국립공원관리공단을 원수 보듯 하는 섬과 어촌 주민이 많다. 자연환경을 잘 보전하면서 상생할 수 있는 방법은 분명히 있을 것이다. 하지만 돈과 시간이 드는 번거로운 일이기도 해서 주민이 몇 없는 섬마을의 필요는 늘 밀려나기 일쑤다. 정책이 조금만 더 사는 이를 배려하면 안 되는 걸까. 전문가들도 주민들이 사용하는 생활 길을 내어야 한다는 데 이견이 없다.

다음 날, 2구 관호마을로 갔다. 바람이 많고, 파도가 일기 시작했다. 관호마을은 50여 가구가 사는 마을이다. 마을 입구에 한 그루 있는 소나무가 발갛게 녹슬어 가고 있었다. 집집마다 시멘트 마당이라 화단이 없고, 화초가 있던 흔적도 없다. 언뜻 삭막한 풍경이다. 짐작해 보면 마음에 여유가 없다는 뜻이고, 그만큼 먹고살기 힘들다는 것이다. 섬마을 풍경은 누가 이야기해 주지 않아도 다 읽을 수 있다.

관호마을 이장 댁을 찾아갔다. 집은 비어 있었다. 귀촌한 젊은 이장이라고 했다. 마구 늙어가는 섬에서 50대는 아이와 같으니 젊은 이장 맞다. 한 시간 남짓 주인 없는 마당 의자에 앉아 기다리다가 하늘다리로 향했다. 관매도의 명물 하늘다리는 관호마을을 지나 해변 절경을 따라 걷는 한 시간 남짓 걸리는 길이다. 다리는 '두 개의 바위틈을 지나 청춘을 찾은 뱀과 같이' 높고 깊은 벼랑에 척, 걸쳐 있었다. 건너편 봉우리는 갈 만한 곳이 못 되는데 어쩌자고 이 높은 곳에 다리를 매달았을까. 더군다나 옛날에는 지금처럼 튼튼한 철교가 아니라, 나뭇가지로 이은 다리였다고 하니 생각만 해도 소름이 돋는다. 고소와 고속 공포증을 골고루 겸비한 나는 멀찌감치 떨어져서 하늘다리를 일별하고 돌아섰다. 아름답고 귀한 절경들이 곳곳에 보였다. 주민들에게 돈도 안 되는 저 아름다워서 슬픈 것들을 어찌 엮어서 피가 되고 살이 되게 할까나. 깊은 고민에 빠지기 시작했다.

이보다 더 고될 수는 없다

관매도 주민들은 주로 해조류에 의지해서 생계를 잇는다. 미역과 톳을 바다에서 기르는데 이곳에서 나는 자연산 미역 '진도각'은 매우 유명해서 산모용 미역으로 가장 비싼 값에 팔린다. 조수 간만의 차이에 따라 물속에 잠겼다 드러났다 반복하며 갯바위에 붙어 자라는 자연산 미역은 거센 물살에 시달려서 잎은 좁고 줄기가 단단해 끓일수록 뽀얀 국물이 우러나온다. 채취가 힘들어 마을마다 조를 짜서 같이 미역을 캐고 공동 분배한다. 분배한 미역을 리어카에 싣고 집으로 가서 말리는 것은 각자 몫이다.

　주민교육을 잡은 날이 하필 미역 채취 날이었다. 일정이 괜찮다던 이장님을 원망해 봤자, 강사진을 실은 배는 이미 출발했고 때는 늦었다. 그날 교육에는 당연히 아무도 나오지 않았다. 섬 일은 물때도 알아야 하지만 일 때도 알아야 하는데 그걸 놓친 것이다.

우리도 미역을 채취하러 가는 마을주민 팀을 따라나섰다. 얼마나 일이 고된지를 아는 군청 직원은 잽싸게 내뺐고 강사 네 명은 겁도 없이 합류했다. 마을에서는 웬 떡이냐 하는 표정이었는데 그도 그럴 것이 마을주민 대부분이 60~80대 노인이었기 때문이다. 작업은 일사분란하게 시작됐다. 바다 암벽 가장 가까이에서 작은 낫으로 미역을 베어 뒤로 던지는 선두주자, 뒤에는 던진 미역을 주워서 그물 망태기에 담는 이들이 있었다. 밀물 전 몇 시간 안에 해치워야 하는 작업이라 따라간 동네 강아지도 저 혼자 왔다 갔다 바빴다. 강사 한 사람과 내가 선두에 섰다. 미역은 물속에서 보일락 말락 자라 있었다. 파도가 촤악, 밀려오면 떠밀리지 않기 위해 뒤돌아서서 다리에 힘을 준다. 파도가 가면 갯바위에 붙은 미역 뿌리가 보이고 잽싸게 서너 줌 베어 뒤로 던진다. 큰 파도에 휩쓸려 목숨을 잃은 사람이 있을 정도로 위험한 작업이다. 그래도 주민들은 그 자리에서 미역을 벤다. 먹고사는 일이 그것뿐이기 때문이다. 두세 시간의 숨 가쁜 작업이 끝나면 미역 망태기를 배에 옮겨 싣는다. 뱃전에 가득 쌓인 미역이 검게 빛난다. 향긋한 미역냄새가 온몸에 가득하다.

한 곳에서 따 온 미역이라도 품질은 조금씩 다르다. 주민들은 힐끗 보아도 좋은 놈, 아닌 놈을 알아본다. 마을회관 앞에 쏟은 미역 동산 깊숙이 팔을 집어넣고 골고루 섞었다 싶으면 눈대중으로 계산한다.

"이번에는 얼추 70kg씩 되겠구먼!"

눈 밝은 이가 말한다. 한 짓은 미역 한 더미, 반 짓은 반 더미를 말하는데, 지난겨울 '갯닦이' 작업에 참여하지 않은 집은 반 짓만 가져간다. 갯닦이는 미역 포자가 암반에 잘 활착하도록 솔로 바위의 이끼와 이물질을 닦아내는 사전 밭갈이 작업이다. 한겨울 어두운 새벽, 이삼일에 걸쳐 이루어지는 고된 작업이다. 미역 봉분이 정확하게 70kg씩 나뉘어 놓였다. 이때 참여한 주민 모두가 소쿠리에 신발 한 짝씩을 벗어 넣는다. 이날 영광스럽게도 그 소쿠리가 나에게 전해졌다. 누구 신발인지 모르는 사람이니 공평한 선택이다. 신발을 한 더미 앞에 하나씩 던졌다. 주민들은 자기 신발이 떨어진 미역 봉분을 리어카에 싣고 각자 집으로 향했다.

주민들은 저녁도 거르고 바쁘게 다음 작업에 돌입한다. 마당가에 미리 마련해 놓은 그물상자에 미역을 너는 일이다. 한 번 마르면 형태를 바로 잡을 수 없어 숙달된 손놀림이 필요하다. 작업은 한밤중까지 이어진다. 주민들은 선잠을 자고 다음 날 새벽부터 또 미역을 베러 나간다. 이 작업은 보통 적게는 3일, 많게는 일주일간 계속된다. 이런 때에 주민교육이라니, 욕을 안 먹은 게 천만다행이다. 그날 겁 없이 작업에 참여한 강사들은 인생에 다시없을 좋은 경험이었다고 말했지만 마을식당이 모두 문을 닫아서 쫄쫄 굶다가 끙끙 앓는 소리를 내며 잠들었다.

두 개의 마을, 두 개의 마음

하나의 섬이지만 1구와 2구는 사는 모양이 다르다. 1구는 논밭이 많고 모래 해변이 넓고 완만하다. 대체로 삶이 풍족하고 햇살도 풍성한 반면, 2구는 비탈지고 그늘이 많으며 논이 없고 밭은 적다. 1구는 쉬는 날이 많고, 2구는 바쁘게 일한다. 이러한 환경 때문에 국립공원에서 마을사업을 집중해 진행한 곳은 1구다. 그러나 '가고 싶은 섬' 사업은 소외감을 느끼던 2구 관호마을부터 사업을 시작하기로 했다. 5년 전에 귀향한 50대 이장은 마을 일에 열심이었다. 점차 생기를 잃어가는 마을을 위해 뭐라도 하고 싶은 마음이 많았다. 유일하게 컴퓨터로 메일이 가능해서 즉각 포섭했다.

하나둘씩 사업이 시작됐다. 마을에 문을 연 식당이 없어서 민박을 하는 여행자들이 매우 불편해 했다. 자연히 묵는 손님들은 줄고, 당일치기 여행 상품으로 온 손님들은 먹을거리를 모두 싸 가지고 와서 쓰레기만 남기고 갔다. 그 먼 길을 와서 하룻밤 섬의 품에 안겨 잠들지 못하는 여행은 여행이 아니다. 특히나 관매도는 3만 평이 넘는 울창한 해송림과 넓고 긴

백사장, 이틀을 걸어도 다 못 볼 정도의 숨은 비경이 많은 곳
이다.

오는 이들이 쉽게 묵어갈 만한 인프라를 구성해 잠시 섬
에 살아 보고 싶다는 바람을 실현할 수 있는 곳, 그리고 나이
가 들어 바다에서는 더 이상 일을 못 하는 주민들이 용돈 마
련을 할 수 있는 곳으로 기획해 보자 싶었다. 섬마을 어머니
들이 가장 잘할 수 있는 일은 음식을 만들고, 치우고, 텃밭을
가꾸는 것 같은 평생을 해 온 일이다. 마을숙소와 마을식당을
먼저 만드는 이유다. 만약 마을숙소와 식당에서 일을 못 하면
텃밭에서 가꾼 채소와 갯벌에서 뜯은 해초나 고둥류를 마을
식당에 납품하도록 계획하면 된다. 그런 내부 순환 구조를 모
르는 이들은 왜 마을마다 숙소와 식당을 짓느냐고 비난했다.
건물이 있으면 자식들이 돌아오거나 귀촌하는 사람이 와도
이를 활용해 무언가를 시도할 수 있다. 주민들의 학습관, 영
화관, 사랑방으로 활용해도 된다.

관호마을에 2층짜리 마을펜션과 식당을 새로 지었다. 낡
은 마을회관을 리모델링하고 노인정도 깨끗이 고쳤다. 관매
마을은 해변의 낡은 숙소를 리모델링하고 새 침구와 집기를
넣어 카페 겸 식당을 할 수 있는 공간으로 새 단장했다. 폐교
관사 일곱 채는 해체하여 깨끗한 펜션으로 탈바꿈했다. 주민
들과 선진지 답사를 2박 3일씩 다녀왔다.

관매마을 펜션 앞에서 오색테이프를 끊으며 '섬 여는 날' 행사를 가졌다. 관호마을의 허물어진 정자를 뜯어서 새로 짓고, 하늘다리 가는 길에 가로등과 축대를 새로 쌓았다. 섬을 상징하는 매화나무도 곳곳에 심었다. 마을기업을 만들어 미역과 톳을 소포장할 포장지를 디자인해서 쇼핑 봉투를 1만 장이나 만들었고, 상품 제조를 위한 건조기와 포장용 기기를 샀다. 아주 쾌활하고 멋진 포장 상자 디자인과 로고는 개인적으로 친분이 있는 작가에게 통사정해서 적은 비용으로 완성했다. 주민들은 "백화점 쇼핑 봉투보다 낫다"며 대만족했다.

그러나 5년이 지나고 돌아보니 절반의 성공이다. 한 마을은 잘되고 있지만 다른 마을은 아직 길을 찾지 못했다. 사업비로 지은 2층짜리 건물은 준공된 지 오래지만 마을주민 간에 제대로 합의하지 못한 채 여전히 시간만 흐르고 있다. 아마도 사업 경험이 있는 1구부터 집중하는 게 맞는 일이었을지도 모른다. 소외된 마을 격려차 먼저 시작한 것이 판단 착오였다.

자신의 이익보다 마을을 위하는 마음을 낼 때 그 마을에 미래가 있다. 끝내 해법을 찾지 못하면, 건물은 날마다 삭아갈 것이다. 하지만 마음만 바꾸면 바다 풍경이 멋지게 내다보이는 건물은 금세 여행자들이 마음 놓고 쉬어갈 수 있는 공간, 주민들에게는 소소한 용돈을 안겨 줄 즐거운 공간이 될 것이다. 그래도 정 운영을 시작하기가 힘들면 외부 지역 청년들에게 공간을 임대하는 일도 괜찮다.

아무쪼록 마을 전체의 번영을 위해 어떻게 건물을 활용하는 게 좋을지 마을사람 모두가 끊임없이 터놓고 이야기하여 꼭 해법을 찾기를 바란다.

반월·박지도 이야기

사랑의 퍼플 아일랜드

◎

전라남도와의 계약 기간이 거의 끝나갈 무렵, 연락이 왔다. 신안 군수라고 했다. 수년 전, 국제녹색섬포럼과 전국마을만들기대회에서 그를 본 적이 있었다. 잠시 얼굴만 비추고 가도 되련만, 2박 3일 자리를 지키며 공부하던 모습이 언뜻 기억 났다.

신안군은 전국에서 유일하게 섬으로만 이루어진 지방자치단체다. 자그마치 1004개의 섬이 있어 '천사의 섬'으로도 불린다. 군청은 압해도라는 큰 섬에 있다. "일단 한번 만나 봅시다"라는 청을 거절하기 어려웠다. 일 좀 해 보겠다는데 돕지는 못해도 듣는 척은 해야 할 것 같았다. 곧 전남도청과의 계약이 끝나 4년의 객지생활을 마치고 이제 고향으로 돌아갈 생각이었다.

그렇게 사방으로 갯벌 바다가 내려다보이는 언덕 위 신안군청에서 군수를 만났다. 담소도 잠시, 성질 급한 그가 본론으로 직진했다.

"우리 신안군을 좀 도와주세요. 알다시피 이런 시골에는 젊은 기획자가 귀합니다. 경남이나 육지에는 그래도 사람이 좀 많지 않습니까. 전남도청에서 일 끝났다고 휑하니 집으로 가지 마시고 저를, 아니 신안 섬 주민들을 도와주세요. 부탁드립니다."

간곡하면서도 단호한 제안이었다. 그 앞에서 대놓고 "안 됩니다" 말하기가 어려울 정도였다. 이때 필요한 것은 뭐다? 시간을 버는 것!

"말씀은 잘 알겠습니다. 좀 생각할 시간을 주…."

'세요'라는 말을 그는 듣지 않았다. 앞에 놓인 전화기를 들고 "인사과장님 이리 좀 와 보세요" 하는 말과 겹쳤기 때문이다.

'으아, 큰일 났다. 사람이 우예 이리 성질이 급하노.'

불안한 마음을 다독이는 동시에 나도 모르게 출입문을 힐끔힐끔 바라다보며 "생각할 시간을 주셔야 합니다" 하고 빠르고 단호하게 말씀드리자고 생각했다. 그런데 그때, 도착했다고 말하는 비서의 목소리가 들렸고, 마치 문 밖에 대기라도 한 듯 빛의 속도로 날아온 인사과장이 가쁜 숨을 내쉬며 들어섰다. 그리고는 2분 만에 모든 게 끝났다. 근무조건이나 직급 협의, 임금 협상도 없었다. "잘 좀 도와주세요. 같이 재미나게

섬 일 좀 해 봅시다" 하며 내미는 그의 손과 악수를 하고야 말
았다.

"군수님께서 내일부터 출근하시라던디요?"

"머시라고라? 그거슨 쪼까 곤난허것는디요. 맹색이 이직
인디 서류도 맹글어야 하고 아따, 지도 숨 쉴 시간이 쪼까 필
요하당께요!"

나름 유창한 전라도 사투리로 인사과장을 달래며 겨우 일
주일을 벌었다. 4월의 봄 햇살이 밝아서 눈이 부셨다. 터덜터
덜 군청을 걸어 나왔다.

신도시였던 전남 도청소재지, 무안군 남악 시대를 접고 본
격적으로 신안 목포 시대로 접어들었다. 신안군과 가까운 목
포시 북항에 집을 구하고, 복잡한 입사 서류를 준비한 후 출
근을 시작했다.

'가고 싶은 섬 TF팀'은 압해대교 다리 밑 하수처리장 관리
동에 우선 둥지를 틀었다. 일 잘한다고 소문난 김 계장을 비
롯해 디자인을 전공한 이, 막 결혼해 새신랑이 되었다는 이까
지 네 명이서 팀이 되었다. 와글와글 복잡한 도청보다 조용히
일하기 좋은 분위기였다. 우리는 '가고 싶은 섬' 사업에 맨 처
음 선정된 반월·박지도와 이어서 선정된 기점·소악도, 우이
도에 온 힘을 다해 집중하기로 했다. 10인 미만이 사는 작은
섬을 가꾸는 '작은 섬 큰 기쁨' 사업도 병행해야 했다.

사랑이 있는 섬 반월·박지도

반월·박지도는 신안군 안좌도에 속한 두 개의 섬, 반월도와 박지도를 목교로 이은 섬이다. 약 500m 길이 나무다리가 섬과 육지를 연결하여 걸어서 갈 수 있다. 섬은 안팎 모습이 아주 다른데, 작은 섬이지만 박지도 뒷산에 슬슬 오르면 울울창창 아름다운 당숲이 펼쳐져 있다. 숲은 땅을 덮은 지피 식물까지 놀랄 정도로 잘 보전하고 있다. 옆으로 비스듬히 누운 노거수를 아우른 오래된 돌담에는 이끼가 가득 피어 있다. 마치 숲의 정령이 사는 듯 신비한 기운이 가득하다. 마을에는 10여 가구가 모여 산다. 오래된 양철지붕 아래 고양이가 졸고 있는 풍경이 한가하다.

인구가 100여 명 남짓인 건너편 반월도는 조금 더 큰 섬이다. 걸어서 섬 한 바퀴를 돌아볼 수 있는데 여유를 부리며 싸목싸목 걸으면 두 시간 반이 걸린다. '백 마지기 논'이라고 불리는 습지도 있고, 십샘이라고 부르는 오래된 샘터도 있다. 이 마을 당숲도 아름답다. 마을의 주산인 어깨산에 오르는 길도 적당히 가팔라서 오르는 재미가 있다. 반월도와 박지도를 잇는 목교가 생기기 전에 이용했던 돌무더기 '노두길'은 물때가 지나 드러난 갯벌 속에 반쯤 묻혀 있다. 이름하여 '중노두' 길이다. 이곳에는 전설인 듯, 소문인 듯 마을에 전해 내려오는 젊은 비구와 비구니의 애틋한 사랑 이야기가 스며들어 있다. 이야기인즉 이렇다.

길을 만드는 연인이 있었다. 멀리 마주 보고 서 있는 산기슭 작은 암자에서 박지도 비구니와 반월도 비구는 서로를 연모했다. 저 먼 암자에서 비질을 하는 그림자조차 그리워하며 서로 무언의 연모를 보냈다. 어느 날부터 비구는 썰물 때면 돌무더기를 짊어지고 바다에 돌을 던지기 시작했다. 가만히 지켜보던 비구니도 틈이 날 때마다 앞치마에 돌을 한가득 안고 갯벌에 나가 저쪽 섬을 향해 돌을 던졌다. 그렇게 한 해 두 해가 지나고 10년 세월이 흐르자, 길은 마침내 서로 만났다. 두 사람은 그리움과 기쁨이 뒤섞인 가운데 얼싸안고 하염없이 눈물만 흘렸다. 시간이 지나는 것도 잊은 채였다. 그러나 이내 밀물 시간이 다가왔고 빠르게 불어난 물살은 두 사람을 삼켜 버리고 말았다. 이처럼 이제는 흔적만 희미하게 남은 길을 중들이 만들었다고 해서 '중노두'라고 부른다. 이 길은 박지도에서 반월도로 건너가는 목교 왼편에 있다. 썰물 때면 어렴풋이 그 흔적이 드러난다.

보라색 섬으로 거듭나다

지금 반월·박지도의 들판은 아주 색다른 풍경을 자랑한다. 라벤더와 아스타국화, 라일락, 보라유채, 버들마편초 같은 보라색 초목이 봄부터 겨울까지 들판에 가득 피어난다. 섬은 보라색 꽃물결로 일렁이고 섬과 섬, 섬과 육지를 잇는 목교도 보라색으로 화려하게 옷을 갈아입었다. '퍼플 브릿지'라는 이름도 얻었다. 집집마다 보라색으로 채색한 지붕들도 이채롭다.

당초 이 섬의 주제는 '그 섬에서 사랑이 시작되었네'였다. 슬픈 사랑 이야기를 보다 색다르게 구현할 방법이 잘 떠오르지 않아 오랫동안 고민했다. 그러던 중 박우량 군수가 색색의 섬을 제안했고 그게 계기가 되었다. 회색 갯벌이 가득한 가운데 화려한 보라색으로 핀 도라지밭, 섬 둘레길 주변에 흐드러지게 핀 보라색 꿀풀의 색 대비를 상상했다.

"퍼플 아일랜드로 갑시다!"

반월·박지도 기획이 변경되었고, 급물살을 탔다. 묵정밭들을 갈아엎고 보라색 꽃이 피는 식물 식재를 시작했다. 행정도 분주했지만 덩달아 일자리가 생긴 주민들도 산과 들을 바쁘게 오갔다. 식물이 안착하는 데는 최소한 일이 년이 걸린다. 한편으로는 마을숙소와 카페를 짓고 산기슭과 들판에 크고 작은 꽃과 나무를 부지런히 심어 가득 메웠다.

자전거 대여소, 마을 호텔과 식당, 소형 마을버스를 연달아 들였고 새로운 볼거리를 계속 추가했다. 섬의 대표적인 포토존으로 부상할 수 있도록 박지도에는 커다란 보라색 바가지를, 반월도에는 반달 모양의 조형물을 세웠다. 박지도 선창에 설치한 바가지 모양 조형물은 대형 조롱박이 물을 담고 있는 형상으로 높이 4.9m, 폭 4.6m 크기다. 박지도의 옛 지명은 '바기섬'인데, 박으로 만든 바가지 모양에서 그 이름이 비롯된 데서 착안하여 이미지를 형상화했다.

반월도 지명은 반달에서 비롯됐다. 반월도 입구에 들어선 '반달이'는 높이 5m, 폭 4.6m 크기의 초승달 모양 조형물이다. 보라색 초승달에 걸터앉은 어린왕자의 뒷모습이 사뭇 발랄하다.

주민들의 옷차림과 마을식당 식기와 찻잔까지 보라색으로 물들었다. 마을 호텔 외벽도, 호텔 이불도 보라색 계열로 맞춤했다.

박지도 산책로를 따라 야트막한 동산을 걷다 보면 섬 주민들에게는 오랜 생명수였던 900년 된 우물을 만날 수 있다. 보라색 야생화 군락지를 누리며 섬 한 바퀴를 둘러볼 수 있는데 2.1km 거리로 약 두 시간가량 걸린다. 반월도는 박지도보다 좀 더 커서 둘레길이 약 4km다. 걷는 동안 보라색 아스타국화와 수국 군락이 감탄을 자아낸다.

두 향기로운 꽃섬을 한꺼번에 둘러보려면 꼬박 하루가 걸린다. 협동조합 형태로 운영하는 마을식당과 게스트하우스를 갖추고 있어 유숙하기 좋다. 낮은 적당히 북적이고, 밤은 아주 고요하다.

반월·박지도는 곧 '퍼플섬'으로 언론에 소개되고 입소문을 타며 유명해지기 시작했다. 2020년 8월 정식 개장한 후로 하루에도 몇 천 명씩 섬을 찾아오기 시작, 2021년에는 세계 최우수 관광마을로 선정되는 기염을 토했다. 퍼플 아일랜드, 보라섬의 변신은 현재 진행 중이다.

우이도 이야기

하얀 모래의 꿈

◎

목포항에서 배로 세 시간. 망망대해 한가운데 큼지막하게 자리 잡은 섬 우이도를 보고 있노라면 아름답다는 말 외에는 다른 어떤 단어도 떠오르지 않는다. 넓고 우묵한 사구로만 이루어진 섬 가운데 제법 높다란 산이 있는 우이도는 그 이국적 풍광이 유럽 어딘가의 섬을 닮았다. 온화한 기후 덕분에 형성된 울창한 숲은 그 풍광에 한국적 분위기를 더한다. 섬에는 넓고 긴 백사장이 자그마치 네 곳이나 있는데 하얀 모래로 이루어져 방문한 이의 마음을 사로잡는다. 이곳에는 세 개의 마을이 흩어져 있어 섬의 동쪽과 서쪽, 북쪽에도 모두 배가 닿는다.

그중 돈목마을에 내리면 어서 오라고 반기는 실물 크기의 홍어장수 문순득 동상을 만날 수 있다. 방문자를 환영하기 위해 꽃과 나무로 마을 입구를 꾸민 어느 주민의 노력이 예쁘다. 선창마을에서는 보이지 않지만 마을을 가로질러 초원 언덕에 올라서면 선물처럼 펼쳐진 천연 백사장이 보인다. 해변으로 내려가는 길, 바람에 맞서지 않고 키를 낮추며 집단 군무를 추는 풀밭을 한참 동안 바라보았다.

모래 언덕에 스민 원주민의 삶과 문화

돈목마을에는 조선의 하멜이라 불리는 문순득 선생 생가가 있다. 문씨 성을 가진 후손이 이장을 맡으며 민박을 운영하는데, 공간이 깨끗하고 아내의 음식 솜씨도 맛나고 귀하다. 흑산도로 귀양을 간 정약전과 강진으로 유배를 간 정약용, 두 형제가 상봉했던 곳이 바로 이곳이다. 정약전이 머물던 집은 허물어졌지만 푸른 대숲을 뒤로 한 집터는 그대로 남아 있다.

마을 입구에 서 있는 '열녀비'는 미사포를 쓰고 있다. 부인할 수 없는 성모 마리아의 모습이다. 천주교 박해의 파편이 유배를 따라 이 먼 섬까지 이르렀던 흔적일 것이다. 그때는 이곳을 소흑산도라 불렀다.

다도해해상국립공원인 우이도는 매우 아름답고 보전할 만한 가치 있는 섬이다. 앞뒤가 온통 모래 해변인 2구 마을은 해변 가운데쯤 자리해 있다. 사방에서 모래바람이 불면 마을 사람들은 밖으로 나서지도 않는단다. 모래 서 말 먹고 시집간다는 동네가 바로 이곳인데 마을 끝자락에는 동네 아이들이 비료 포대를 타고 놀던 높은 모래 언덕이 있다. 모래를 밀어

올려 언덕을 만든 것은 전적으로 바람의 작품이다. 해마다 그 모습이 조금씩 바뀌었을 사구는 출입이 제한되어 있었다. 원주민의 삶과 문화가 그 자연물에 속해 있다는 생각은 하지 못하고 내린 결정인 것 같아 안타까웠다. 태초에 사람과 자연이 여기 한데 어우러져 생존하고 있었고, 언덕은 동네 아이들의 놀이터였기에 풀들을 밀어내고 사구로서 온전히 유지되어 온 것이다. 억지로 사람의 출입을 막아 버린 몇 해 동안, 풀과 나무가 뿌리를 내려 점차 그 원형이 사라져 갔다. 그러다 다시 본래의 모습대로 되돌리는 과정에서 우여곡절을 겪었다. 도시에서 사람은 그 땅의 토속 생물종이 아닐지 모르나 섬 원주민들은 자연 생태의 일부라는 것을 쉽게 간과하지 말아야 한다.

생명의 가치를 전하는 섬은 어떨까요?

전라남도 '가고 싶은 섬'에 지정된 우이도. 하지만 이렇다 할 주제를 못 찾고 주민들과 "어쩌면 좋을까요?" 하며 집단 토론과 교육 진행으로 시간만 보내고 있었다. '하얀 모래의 꿈'이라는 달착지근한 생각도 해 보았다.

섬 답사를 나갔던 어느 겨울날, 매서운 추위에도 들판에 그대로 묶여 있는 개들을 보았다. 사방에서 몰아치는 찬바람을 피할 거적때기 한 장 없이 매정하게 묶여 있었다. 어느 폐가에 묶인 개는 숙소가 하필 철판이었다. 그것도 번쩍거리는 스테인리스 철판이라 발이 시렸던 개는 들어가지도, 나가지도 못하고 깽깽댔다. 급한 대로 바닷가에 떠밀려 온 널찍한 스티로폼을 가져와 깔고 냉기가 사무치는 철판 벽을 막았다. 그 위에 헌옷을 주워 깔아 주었더니 개가 냉큼 들어가 엎드렸다. 혼자 사는 할머니가 주인인 전봇대 옆 개집은 시멘트로 포장된 맨땅바닥이었다. 종이 상자를 여러 겹 덧대어 바닥 냉기를 막아 주던 중에 주인 할머니와 만났다. "할머니 개도 추워요. 사람보다 더 추위를 타요, 따뜻하게 좀 해 주세요"라고 공손하게 부탁했다. 할머니는 그러겠다고 했다. 배를 타고 나오며 섬에 사시는 젊은 어머니 두 분께 문자를 보냈다. "생명을 불쌍하게 여겨 잘 좀 돌봐 주세요. 그들도 섬의 가족이니까요."

동정심에 호소하기보다는 생명환경 기초 교육이 필요하다는 생각을 했다. 잘 몰라서 그런 것이다. 섬은 뭍보다 사회 변화가 느리게 찾아든다. 동물을 가족처럼 대하는 요즘의 문화를 섬의 나이든 사람들은 잘 모르고, 그저 옛날 어르신들이 그러했듯 방치하기 일쑤다. '개는 털옷을 입어서 안 춥다, 원래 그렇게 밖에서 키우는 것이다'와 같은 말을 그대로 믿고 평생을 살아간다. 사람이 드나들며 배우고, 새로운 문화도 전파해야 조금씩 바뀐다.

드넓은 모래밭 해변에 아이들과 강아지가 뛰노는 그림을 떠올렸다. 가족들이 좁은 아파트에서 벗어나 반려견과 함께 1년에 한두 번이라도 넓은 풀밭을 산책하고 숲길을 걷는다면 어떨까? 동물을 대하는 섬 주민들의 마음도 변할 것이다.

옳거니, 여기는 다도해해상국립공원, 야생의 생명들을 귀히 여기는 곳. 그러나 어찌 야생의 생명들만 귀히 여기겠는가. 문명 속 생명도 소중히 여기는 것이 도리일 터이니, 천만에 달하는 애견인들의 가족 섬 나들이가 어떠한가. 우이도가 한국 최초 '펫 아일랜드'를 지향하는 거다. 그렇게 훅, 질러버렸다.

그날부터 기획안 작성을 시작했다. 반려견과 함께할 수 있는 숙소와 마을식당, 그리고 카페, 애견과 함께 뛰어놀 수 있는 모래 해변을 만드는 거다. 더군다나 어민들이 멸치어장을 겸하고 있으니 간식거리를 만들어 팔아도 좋겠다.

주민들에게 찾아가 설명을 해 보았다. "우리 민박은 안 할랍니다." 예상한 답변이었다. "꼭 안 하셔도 됩니다. 섬을 찾는 손님들 중에서는 반려동물을 안 좋아하는 분도 계실 테니까요." 그렇게 설득하며 손 들기를 해 보니 민박을 한다는 주민과 안 한다는 주민이 딱, 반으로 나뉘었다. 기획안을 차분히 살펴보던 군수는 "좋네!" 하고 대답했고 그것으로 내부 결재는 끝났다.

그러나 결국 이 기획안을 실행하지 못했다. 도중에 신안군 일이 끝나 고향으로 돌아가게 되었던 것이다. 계약직 어공의 운명이다. 보다 중요한 이유는 동물 구호 단체에 자문을 구한 결과, 상당수 전문가들이 "배를 타고 세 시간을 이동하면 동물들도 멀미를 한다. 우이도는 펫 아일랜드로 운영하기에 너무 멀다"라는 조언을 내놓았기 때문이다. 이래서 전문가가 중요하다. 섬은 알지만, 반려동물은 잘 몰랐던 것이다. 그렇게 기획은 폐기되었지만 개인적으로 너무나 아깝다. 언젠가 가까운 섬에서 실행할 수 있다면 좋겠다.

대신 우이도에 고스란히 보전된 자연생태를 충분히 활용하기로 했다는 소식을 들었다. 자원도 조사에서 우이도 뒷산에는 다른 육지나 섬에는 없거나 멸종된 한국 토종 향수나무인 '분꽃나무'와 '백서향'이 자생한다는 것이 밝혀졌다. 백서향은 천리향과 비슷하지만 많이 다르다. 잎이 더 크고 긴 타원형이며 보라색 꽃이 아닌 흰색 꽃이 모여 핀다. 분꽃나무가 틔우는 연분홍 꽃송이는 매우 아름답고 그 향기는 가히 십리를 족히 간다. 신안군은 우이도를 '향기 나는 섬'으로 가꾸어가고 있다.

마을의 백년 미래를 설계하기에 식물은 가장 쉽고 아름다운 주제다. 대신 반드시 마을에 자생하는 종으로 시작해 점차 확대하는 것이 좋다. 하지만 나무가 자라는 속도에 맞춰 오래

기다려야 한다. 주민들은 "우리 죽고 나서야 제대로 보겠네"라고 말하기도 하지만 마을 생태계를 되살려 복원하는 일은 충분히 가치 있는 일이다. 느리더라도, 우이도의 향긋한 변화가 기대되는 이유다.

갈등 없는 연대는 없다

섬사람은 욕심이 많다?

◎

섬마을 사람들은 욕심이 많다. 관에서 행사 기념품으로 만든 수건 한 장이 제대로 전달되지 않아도 서운하게 여긴다. 농협이나 수협에서 만든 달력은 말할 것도 없다. 5월 어버이날 시즌을 맞이해서 마을에는 경로잔치가 열린다. 그 맛있는 섬 음식을 두고 뷔페를 시키자는 데 대다수가 동의한다. 매일 먹는 섬 음식보다 여러 가지 음식이 차려지는 것이 보기도 좋고, 어르신들 취향대로 골라서 드실 수 있기 때문이라고 한다. 일거리가 줄어든 부녀회 입장에서도 좋다. 배 타고 들어온 인근 도시 차량에서 음식 상자들을 부지런히 내려 비닐을 깐 상 위에 길게 뷔페를 차려낸다. 어르신들은 미리 나눠 드린 비닐봉지에 떡이나 과일류를 일단 챙겨서 옆에 두고 국이나 반찬을 드신다. 다 먹은 그릇은 마치 '빈 그릇 운동'을 실천한 것처럼 김치 조각 하나 남은 게 없이 깨끗하다. 술이 몇 순배 돌고 나면 노래방 기계를 설치하고 에코를 심하게 작동해 온 마을에

메아리가 울려 퍼진다. 이날을 애타게 기다린 어느 섬 주민은 간밤, 열 곡에 달하는 노래 제목을 빼곡히 적어 와 그걸 혼자 순서대로 다 불렀다. 차례를 기다리는 주민들은 아랑곳없다. 노래 제목이야 적어 올 수 있다고 하지만 노래방 기기마다 다른 곡 번호는 대체 어디서 어떻게 알고 적어 온 것일까?

살아남기 위한 본능

섬사람들은 욕심이 많은 것이 아니라 생활력이 강하다고 읽는 것이 맞다. 섬이 어떤 곳인가. 공도 정책이다 뭐다 영토 관리는 뒷전이고 육지 땅만 땅인 줄 알았던 고려시대 이후, 그리고 기록되지는 않았지만 그 이전부터 내려온 섬 무시 정책은 여전히 현재 진행형이다. 80만 명의 국민들이 살고 있는, 자연재해로부터 가장 취약한 섬들의 안부는 묻지도 따지지도 않는다. 섬이 태풍을 온몸으로 막았기에 육지에는 태풍이 그나마 취약한 상태로 도착한다는 자연의 이치에도 물론 관심조차 없다. 섬사람들은 자연재해가 닥치면 옴짝달싹 못 하는 이곳에서 수백, 수천 년을 견디며 살아남았다.

육지로 오가는 연락선이 귀했던, 노를 젓고 다니던 시절, 맹장염이 터져서 죽어 가는 아내를 싣고 지아비는 손가락뼈가 드러나도록 노를 저었다. 하지만 병원에 도착하기도 전에 뱃전에서 죽어 간 사람을 싣고 다시 노를 저어 섬으로 돌아왔다. 그게 전설도 아닌 현실인 곳이다.

섬과 뭍을 오가는 풍선배(돛배)가 동력선으로 바뀐 지도 오래되었다. 그러나 여객선 상황이 조금 나아진 지금도 선사들은 배 수리한다, 안개가 많이 끼었다 등 갖은 핑계를 대며 배를 띄우지 않는다. 그나마 하루에 한두 번 있는 배가 뜨지 않으면 섬은 고립무원이 된다.

섬에는 물이 귀하고, 농사지을 땅이 없다. 그래서 옛날에는 산꼭대기까지 밭을 일구고 고구마를 키워 주식으로 먹었다. 쌀과 가스가 떨어지고, 반찬이 떨어져도 현지에서 자급자족을 해야 해서 섬마을 주민들은 사재기를 잘한다. 한번 뭍에 나가면 라면도 몇 박스씩, 소화제도 서너 박스씩, 파스도 수십 장씩 산다. 생필품이 떨어져서 낭패를 본 경험이 넘쳐나는 탓에 물자에 대한 집착이 심하다. 그 열악한 상황에서도 자식들을 굶기지 않기 위해 물이 빠지면 호미 한 자루를 들고 갯가로 가서 조개를 캐고, 물이 들면 야산 돌밭으로 올라가 먹이를 구한다. 풀뿌리부터 갈파래까지 사람 입에 들어갈 수 있는 것은 모두 건져 제비새끼마냥 입을 벌린 자식들에게 먹이로 제공했다. 자식들 끼니 굶기지 않는 것이 절체절명의 목표였던 사람들이다. 그 DNA가 아직도 뼛속 깊이 남아서 먹고 살 만해진 지금도 욕심이 많은 것이다. 풍족한 것이라고는 낭만의 대명사인 바다와 파도와 별과 바람. 먹어도 배 안 부른

이런 것들만 넘쳐나는 강퍅한 땅에서 살아낸 사람들의 유전적 습관일 뿐이다. 그렇게 이해하면 된다.

여객선이 와서 닿으면 섬에서는 하루에도 수십 개의 택배 상자가 육지로 나간다. 작은 섬에 교육기관이라고는 초등학교밖에 없고, 아이를 중학교라도 보내려면 그때부터 유학이다. 방도 따로 얻어 줘야 하는데 그럴 형편이 되는 사람은 극소수였다. 그렇게 내보낸 자식들이 눈에 밟혀 섬 어미아비들은 늘상 먹을 것을 싸서 보낸다. 봄 달래부터 가시밭을 헤치고 딴 두릅순, 풋마늘, 바닷가 암반을 헤집으며 딴 거북손과 고둥까지 담는다. 고향이 그립지만 자주 오지 못하니 고향 맛이라도 보라고 바리바리 싼다. 택배 주소를 적을 줄 몰라 이장이 대신하는 경우도 있다. 택배비도 배에서 한 번, 육지에서 한 번, 두 번씩 받으니 속의 것보다 택배비가 더 비싸다. 이중으로 들어가는 택배비용 좀 지원해 달라고 몇 차례 정책 제안을 했지만 여태 고쳐지지 않고 있다.

반면, 섬으로 들어오는 택배는 거의 없거나 드물다. 아주 가끔 섬에 사는 부모님을 위해 자식들이 보낸 택배박스, 과일박스를 보면 그렇게 반갑고 고마울 수가 없다.

갈등은 조미료다

◎

마을재생에서 첫 번째 갈등은 주민과 주민 사이에서 일어난다. 특히 원래부터 사이가 좋지 않던 사람끼리 싸움을 시작한다. 주로 목소리가 크거나 남을 비방하기 좋아하는 사람이 문제를 일으킨다. 회의를 진행한다고 마을 방송을 몇 차례 해도 참여를 안 하면서 자기 없을 때만 일부러 날짜를 잡는다고 고함친다. 마을의 신뢰를 받는 선출직 이장은 어처구니가 없어하고, 마을사람들은 올 것이 왔다고 생각하며 적당히 무시한다. 시군에서 맘대로 제지도 못 한다. 군수실에 전화를 하거나 문제를 키우는 쪽으로 방향을 틀 것이기 때문이다. 몇몇은 벌써 자리를 뜬다. 그때 나서라고 있는 사람이 누구? 바로 '어공'이다.

영원한 적군도 아군도 없다

드디어 즐거운 시간이 다가왔도다.

"아부지, 지난번 회의에 오셨던가요?"

"아니 그때는 내가 바빠서 못 왔지."

"그럼 말씀하신 그 안건, 그날 논의하고 잘 처리한 것도 모르시겠네요? 다시 보고 드릴까요?"

"아니 뭐, 거시기 보고까지 하라는 건 아니고, 다 해결돼 부렸구마…."

"그니까 웬만하면 회의에 빠지지 마세요. 그날 밭에 계시던데 바빠서 못 오셨으면 회의가 어떻게 됐는지 살짝 물어라도 보셔야지, 점잖으신 분이 왜 다짜고짜 고함부터 지르세요? 애 떨어지는 줄 알았잖아요."

"나가 워낙에 목소리가 커야."

꼭 삐딱한 고춧가루 한두 명은 더 있기 마련이다. 그들은 늘 한데 모여 술잔을 나누고 단합도 잘된다. 같이 어울리니 회의에서 말하는 내용에는 겹치는 부분이 많다. 마을 일을 저거 맘대로 한다, 맨날 회의만 한다와 같은 얘기다. 그렇다. 그들은 권력을 쥐고 싶은 것이다. 그러나 주민들은 어림도 없다는 반응이다. 아무리 작은 마을이라도 민의는 있기 마련이고, 주민들은 어리숙한 척해도 누가 마을대표를 해야 할지를 잘 알고 있다. 그런데, 8년간 이장을 하던 어른이 몸이 아파 그만두자 지원자가 없는 틈을 타 그가 결국 자발적 이장이 되었다. 어쩔 수 없다. 미워도 반갑게 인사했다.

"왐마! 이장님이 되셨다고요? 축하드립니다. 이제부터 엄청 바빠지실 텐데 잘 부탁드립니다."

사업과 관련한 많은 요구들을 늘 하던 대로 이장에게 내밀었다. 산책로 개설에 따른 동의서를 징구해 달라(절대로 만만한 일이 아니다. 땅 주인의 할아버지와 그 친척까지 알아내고, 팔린 땅의 주인을 찾아내서 동의서에 서명하고 인감까지 제출해 달라고 요구하는 일이다), 군수와 도청 관계자가 중간 점검을 하러 가니 댁에서 식사를 좀 준비해 달라, 배 시간이 안 맞으니 어선을 타고 마중을 나와 달라, 공사 현장 사진을 여러 장 찍어서 보내 달라 등등 거의 마을 활동가 수준의 일들이 닥친다. 결국 부아가 치민 그는 "이장을 뭘로 알고!" 길길이 화를 내다가 때려치우고 육지에 나가서 절반 이상 들어오지 않는다고 했다. 결국 젊은 이장이 다시 선출되었다.

작은 마을에도 갈등은 있다

남도 답사 1번지, 강진군의 그 섬은 옆집 반찬이 뭔지 알 만큼 적은 인구였지만 오순도순 일하기 좋은 분위기였다. 두 성씨의 집성촌이었는데 그 간에 견제와 갈등이 있었고, 귀촌한 사람들과의 사이도 별로라는 것을 아는 데는 하룻밤이면 충분했다.

마을 일을 하는 사람은 마을의 시시콜콜한 일까지 다 꿰고 있어야 한다. 그래야 회의를 진행할 때 골고루 질문을 던질 수 있다. 상대편 성씨를 누락하면 싸움이 난다. 저 성씨가 이장이면, 이 성씨가 추진위원장이 되게 은근히 관여해 균형을 맞춰야 한다.

실제로 원수진 마을을 본 적이 있다. 이장들이 내게 서로를 욕했다. 말은 일단 들어주고 본다는 평소 소신대로 듣다가 하루는 이렇게 말했다.

"저쪽 이장님은 이쪽 이장님 욕하는 걸 들은 적이 없는데 이장님은 왜 그러세요?"

"머시라고라? 그놈이 내 욕을 안 한다고라?"

"네, 욕은커녕 알고 보면 좋은 형님이라고 하시던데."

이장은 꿀을 한 숟가락 먹었는지 말이 없다가 "그랄 리가 없다"고 하더니 말했다.

"긍께 사실적으로 그 동승도 알고 보믄 나쁜 놈은 아니제. 주변 사람들이 그렇게 만든 거이제."

내친김에 거짓말도 이었다.

"그라고 마을회관 엄니들한테 드리라고 하던디?"

슬그머니 건넨 인삼젤리 한 봉지는 사실 내가 경로당에 드리려고 가져간 것이다. 몹시 당황한 표정이던 이장은 잘 마른 장어를 내 손에 들려 주었다.

"저 짝에서 민박하지라? 가져다 구워 먹으시오."

얼씨구나! 얼른 달려서 저쪽 이장한테 갖다 주었다.

"거시기 이장님이 전해 주라 합디다, 고생하신다고!"

"아따, 거짓말도 영 잘하요이. 그럴 영감이 아니지라! 그짝 잡수라고 준 거 같응게 가져가서 드시요!"

"아닌데요? 이장님 댁에서 밥 먹는다고 하니까 주신 건데요. 그럼 같이 드시라는 말이지요."

아니라고는 해도 이장님은 기분이 영 좋은 눈치였다. 그날 저녁 밥상에 맛있는 장어구이가 올라왔다.

욕심이 불러온 실패들

◎

한두 사람의 욕심으로 인해 마을 전체가 피해를 보는 경우도 있다. '가고 싶은 섬' 사업이 시작되어 경관이 쾌적해지고, 이곳저곳 작은 볼거리를 만들고 가꾸다 보면 섬의 '면상이 달라졌다'고 주민들이 반긴다. 하지만 사업이 진행될수록 마을에서 이득 보는 사람은 따로 있다. 대개 그 섬에서 장사를 하고 있던 기득권자다. 이들은 본의 아니게 사업이 진행될 때부터 줄곧 이익을 본다. 하루가 멀다고 공사팀과 관 주도 사업팀이 출장을 와서 먹고 자니 수입이 만만찮다. 교육하러 들어오는 강사진들, 자원도 조사를 오는 전문가들, 개별 사업자들이 수시로 오가니 파리만 날리던 가게가 때 아닌 호황을 누린다. 몇 년 후 마을재생 사업이 끝나면 여는 날을 기점으로 관광객도 들이닥친다.

주민이 운영하는 가게가 바쁘게 돌아가는 모습을 보는 것은 즐겁고 보람된 일이다. 그러나 사람 욕심이란 끝이 없는 법. 기득권자는 사업 예산으로 지은 마을식당과 마을숙소를 끊임없이 질투한다. 숙소 가격을 비싸게 책정해 손님들이 못 가게 막는 방향을 찾는다. 마을에 식당은 하나만 있으면 되지 왜 더 필요하냐고 난동을 피우는 경우도 있는데, 평소에는 잘 열지도 않아 일부러 섬을 찾는 여행자들이 굶든 말든 신경도 안 쓰던 사람들이다. 더러는 마을식당에 일하러 가는 엄니들을 중간에 가로채기도 한다.

마을법인이 공동으로 운영하는 식당이 영업을 개시하면 또 갈등이 생긴다. 누구는 이틀 일하고 누구는 하루밖에 안 했다던데 월급은 왜 똑같이 주느냐는 식의 불만이 시작된다. 출근 시간을 정확하게 기록하고 각자 서명을 받아 놓아야 하는 이유다. 조리하는 사람이 자꾸 바뀌니 음식 맛도 매일 바뀐다. 예약 손님이 적은데도 네다섯 사람이 나와서 주방이 복작거릴 때도 있다. 일당 때문이다. 마을기업 대표도 같은 마을사람이라, 아는 안면에 조정이 불가능하다. 이때도 나서야 한다. 참여 명단을 작성하고 평일에는 두 명, 주말에는 세 명으로 조를 정확하게 나눈다. 포스 시스템을 갖춰 연습시키는 것도 중요하다. 그렇지 않으면 손님들에게 자꾸 현금을 달라고 하는 문제가 생긴다. 현금이 오가면 또 불신과 싸움이 생긴다. 이래 저래 마을에는 사무장이 꼭 필요하고, 할 일도 많다.

멀쩡한 새 건물을 놀리고 있는 마을도 있다. 마을에서 먼저 식당과 민박을 하던 사람들의 텃세가 그 이유다. 카페나 숙소는 여러 개 모여 있어야 더 장사가 잘되는 법이라고 아무리 설득해도 먹히지 않는다. 입으로는 "그거야 그렇지요" 말하지만, 이런저런 시비를 걸어 끝끝내 영업과 운영을 막는 경우가 있다.

엎친 데 덮친 불화

사무장들은 보통 이럴 때 지쳐 나가떨어진다. 마을 리더 몇몇이 방해를 시작하면 견딜 수 없다. 행정이 개입해야 하는데 공무원들도 해결에 한계가 있는 법. 하지만 일의 시작과 끝은 항상 중요하다. 예산을 들여 식당을 지었으면 운영 방법을 알려주고 정상 운영이 되도록 돕는 게 마무리 작업이다. 가능한 메뉴와 근무 인력을 정하고 출납 장부와 이익 분배까지 도와주어야 한다. 특히 주민 스스로 공동의 이익을 창출할 수 있는 선의의 마음을 끌어내도록 해야 한다.

결국 몇몇 섬은 당초 계획대로 진행되지 못했다. 시군 행정 담당 부서가 바뀌면서 지속가능한 발전이나 문화를 통한 도시재생, 마을 만들기에 전혀 관심 없는 팀들이 들어왔고,

섬 사업은 자주 토목 건축사업으로 치부되었다. 주민 갈등을 해소할 팀들이 사라지니, 주민들 간의 작은 다툼도 피해 버리는 관성이 시작됐다. 심지어 도가 왜 그런 것까지 관심을 갖느냐, 우리가 알아서 한다는 말도 나왔다. 도와 시군 행정기관끼리 협치도 안 되는데 다른 것이 잘될 리가 있겠는가. 안타까운 일은 연달아 발생한다.

어렵게 구한 마을 사무장은 귀농인으로서 열정이 넘치는 사람이었다. 어느 날 마을에 찾아온 단체 손님들을 자기 가게가 아니라 다른 식당으로 보냈다고 '너무 설친다'는 이유로 핍박 받다가 그만두었다. 바른 생활자로서 수십 년간 결벽증을 앓던 마을 이장은 '영수증 처리가 부실했다'는 이유로 불신임을 받자 즉각 외면하고 본업이었던 농사에 몰두했다. 섬의 지주 중 한 사람의 심술보가 사사건건 방해하니 피곤했던 주민들은 점차 관심을 끊기 시작했고 사업은 그렇게 흐지부지 마무리되었다. 지금도 안타까운 마음이 가득하다. 열심히 공부하던 주민들의 역량을 모아내지 못했고, 시군과 도가 파트너십을 이루지 못했다. 1박 2일간 아니, 3박 4일이라도 머무르며 주민 간 갈등을 한 건씩 해결했어야 하는데 그러지를 못했다. 마을법인을 어렵사리 만들어 놓고도 마을사업장을 제대로 운영도 못한 채 시들해졌다. 실패다. 나는 정말 깊이 반성해야 한다.

이장의 영향력

◎

이장이 그냥 있는 자리 같지만 사실 아무나 하는 게 아니다. '잘 뽑은 이장하나 열 국회의원 안 부러운 게' 섬마을의 사정이다. 섬에서 이장은 도(島)지사다. 그만큼 영향력이 크다. 마을과 일선 면사무소, 시군, 나아가 도에서 집행하는 모든 크고 작은 사업 내용이 마을 이장에게 접수된다. 사람이 적다 보니 어촌계장까지 겸하고 있는 경우가 많은데, 수협에서 하달하는 공문과 각종 회의 참여 요청이 있고 어촌계원에게 전달해야 하는 사항도 적지 않다. 월급 20만 원은 적어도 너무 적다. 이렇게 많은 일을 하다 보면 외부에서 사업을 제안하는 사람들이 그다지 반가울 리 없다. 그럼에도 불구하고 마을의 미래를 위해 거마비 한 푼 안 나오는 일을 나서서 제안하고 뒷바라지하는 분들을 보면 정말이지 존경스럽다.

이장이 마을의 이미지를 결정한다

무겁고 지친 표정에 매사 '귀찮다, 힘들다'를 연발하는 이장을 만나면 함께 일을 도모할 기운이 썰물처럼 빠져나간다. 햇볕에 그을려 까무잡잡한 얼굴에도 눈은 반짝반짝 얼굴에 미소가 자주 번지는 호기심이 많은 이장을 만나면 첫 만남부터 다행이다 싶어 마음이 놓인다. 그간 수많은 이장들을 만났다. 아주 이상한 사람도 있고, 이장만 하기에는 아까운 훌륭한 분들도 있다. 떠밀려서 억지로 하는 경우도, 자체로 만든 선거위원회에서 정견 발표까지 하고 나서 선출되는 경우도 있다. 후자의 경우 표를 얻기 위해 최선을 다한다. 그런 섬마을은 보통 마을의 자산이 많은 곳들이다. 마을의 안녕을 지키기 위해 자연 발생한 정의 추구 선거문화인 것이다.

미운 이장도 많다. 전화를 하면 짜증이 잔뜩 묻은 목소리로 짧게 답하고 끊어 버리고, 심지어 '댁에 방문해서 의논드리겠다'는 문자를 분명 확인하고서도 찾아가 보면 없다. 멀리서부터 온 나로서는 '이럴 거면 뭐 하러 이장을 하나' 싶은 생각이 든다.

인구 서른 명 남짓에 열 몇 가구가 사는 작은 섬에서도 이장을 하기 위한 다툼은 벌어졌다. 둘은 사사건건 엉겨 붙어 싸웠는데, 현재 이장을 맡은 사람을 향한 무조건적인 물어뜯기와 흠집 내기가 계속됐다. 그래야 내년에 자신이 이장을 할 수 있다는 단순한 생각이다. 허나, 부정적인 이야기를 너무 자주 들으면 듣는 사람이 먼저 피곤해진다. 그 사실조차 그는 이해하지 못했고, 부정적인 속내를 감출 줄 모르고 고스란히 드러냈다.

여기에 '가고 싶은 섬' 사업 추진위원장이라는 감투가 하나 더 씌워지면 권력욕을 주체하지 못하던 사람들은 눈이 휘둥그레진다. 5년간 사업비 40억 원이 마을에 쏟아진다니 욕심이 앞서는 것이다. 서로 먼저 하겠다는 결의가 대단한데, 이런 종류의 결심은 빨리 깨 주는 편이 마을에 도움이 된다. 주민들이 인정할 수밖에 없는 자격이나 보상, 업무 가이드라인을 명확하게 제시해 주어야 한다. 갈라진 두 그룹을 어떻게 화합시킬지도 깊게 고민해야 한다.

"마을 일이 행정과 이원화되지 않도록 보통 마을 이장이 추진위원장을 겸하는 것이 좋습니다. 위원장은 교육을 받으러 수시로 나오셔야 하며, 행정과 전문가들도 수시로 찾아가 귀찮게 할 것입니다. 인건비는 전혀 지원하지 않습니다. 이 일은 앞으로 4년 동안 밤낮없이 마을을 위해 봉사하는 일입니다. 사업비 40억 원이 마을로 직접 내려오는 일은 없으며, 시와 군에서 도의 관리 하에 모든 것을 집행합니다. 이장님께서 몸이 아프거나 해서 겸직을 못 하신다고 할 경우에만 추진위원장을 별도로 뽑습니다."

이렇게 자세히 설명하면 기대와 희망에 부풀었던 몇몇이 실망으로 축 처져 돌아가는 경우를 가끔 본다. 마을에 작은 사업이라도 하나 내려오면 이장들이 용돈 정도는 챙겨 먹던 시절이 있었다. 공사 현장이 먼지와 소음을 일으키니 주민들과 막걸리라도 하라고 주머니에 몇 푼 찔러주던 아름다운 관습이었다. 그런 탓으로 마을에 사업이 시작되면 공연히 마을 이장이나 추진위원장을 의심하는 사람들이 있다. 그래서 사업 내용, 진행 방법, 입찰과 집행 등의 순서를 자세히 알려 주는 것이 중요하다. 작은 의심의 불씨라도 남기면 나중이 고단해진다.

감투 많은 사람 치고 착한 사람 없다

이장이 장기 집권하는 마을에는 꼭 문제가 있다. 권력이 날로 커져 횡포가 심하다. 당연히 이장 선거 따위는 없는데 누군가 이장을 하겠다고 나서면 집중 공격해 나가떨어지게 만든다. 행정이 마을 이장 선출 방법을 개선해야 한다. 공정한 선거를 통해서 이장을 선출하도록 임기를 정하는 등 개입해 개선해야 한다. 주민의 복지와 안녕은 거기서부터 출발한다.

육지마을의 이장보다 섬마을의 이장이 더 중요한 이유는 외딴 마을이라 면사무소 관리권 밖에 있기 때문이다. 한글도 깨치지 못한 섬 할매들의 손과 발이 되어 주어야 한다. 그러나 돕기는커녕 정부, 시군, 면사무소를 거쳐 전달되는 여러 사안들을 이장 스스로 잘 이해하지 못해서 마을에 전달하지 못하는 경우가 허다하다. 공모사업이 눈앞을 지나가도 모르고, 알아도 일만 많아지고 귀찮다며 관심을 끄는 경우도 많다.

나쁜 이장들은 갑질을 예사로 한다. 공공일자리, 심지어 퇴비 나온 것을 가지고도 갑질을 하고, 경로당에 지급해야 하는 화장지, 모기약 등을 몽땅 자기 집으로 가져가서 사용하는 이장도 봤다. 행정에 일러도 마을 일이니 마을이 알아서 할 문제라고 한다. 주민복지와 관련한 일은 주로 이장에게 알리는데, 주민 대부분 연로해 한글을 잘 모르거나 이해가 부족하다 보니, 간혹 나쁜 이장들은 악용을 한다. 마을 일자리 창출처럼 공동의 이익보다 자신의 이익만 중요하게 여겨 억지를 쓰는 것이다.

섬마을은 세상의 축소판이다. 모든 형태의 일이 일어난다. 마을 일을 하면서 착하고 어진 어른을 인연으로 만나는 것이 가장 큰 행운이라는 걸 알았다. 극히 고약한 일부를 제외하고는 마을의 이장들은 대체로 헌신적이다. 게다가 마을사업까지 들이닥쳐 몸이 열 개라도 모자라지만 마을의 미래를 좌우하게 될 중요한 사업임을 인식하고 신나게 일하는 이들도 많다. 그런 사람이 마을 대표로 있는 곳은 다소 어려움이 있더라도 잘 진행된다. "사업 진행이 잘 안 됩니다" 하는 곳을 들여다보면 지도자에게 문제가 있다. 아니면 추진위원 중에 안다리와 바깥다리 교대로 거는 것을 취미로 하는 사람이 있다. 결국 사람이 문제다.

이장은 주로 남성이 더 많기는 하지만, 여성 이장이 있는 마을이 가끔 있다. 무척 안정되고 평온했다. 내가 만난 여성 이장들이 유독 좋은 사람이었을 수도 있겠지만 이들은 우선 주민들 위에 군림하지 않고, 마을주민을 위하는 마음이 컸다. 권력에 집착하기보다 그저 집 살림하듯 동네 살림을 했다. 혼자 사는 할머니, 할아버지도 내 가족처럼 들여다봤다. 끼니는 거르지 않는지 밥솥을 열어 보고, 반찬은 있는지 냉장고를 열어 본다. 어른용 기저귀가 떨어졌는지 확인하는 것도, 어르신이 아파 보이면 자식들에게 다녀가라고 연락하는 것도 이들이었다. 이들 마을은 마을사업도 잘한다. 사회복지를 실현하는 방법을 굳이 멀리서 찾을 것이 아니다. 이렇듯 아주 가까운 곳에 답이 있다. 여성 이장이 있는 마을에 인센티브를!

사무장, 마을의 구원투수

◎

꾸며 놓았지만 어딘가 스산하고 황폐한 시골마을을 만났을 때, 왜 대체 관리를 안 하는가 한 번쯤 궁금해 본 일이 있을 것이다. 처음에는 의욕적으로 시작했을 마을이 망해 가는 과정은 이렇다. 정부나 광역지자체, 시군이 마을사업을 받는다. 재정자립도가 낮은 시군의 경우 대부분 국가공모사업이다. 이제부터 문제가 시작된다. 행정에 전문가도 없지만 인력도 없어서 용역회사를 돌려 이 사업을 진행할 수밖에 없는 게 현실이다. 용역회사가 들어와서 기본계획을 세우고, 실행계획이 서면 개별 사업을 착착 진행한다. 대부분 물리적인 사업이다. 물론 주민역량 강화 교육도 양념처럼 추가한다. 이삼 년 후에 사업은 끝난다. 그리고 모든 것이 그대로 끝나 버리는 경우가 허다하다.

멋지게 잘 지은 현대식 건물 커뮤니티센터는 불통 센터가 되어 가고, 사람들이 무수히 지나다닐 것이라 믿었던 목재 덱

길은 저 혼자 심심하게 삭아 간다. 마을에 큰 변화가 있을 것이라며 프로그램에도 참여하고 마음을 보태던 주민들의 기대는 꺾이고, 번듯한 건물 하나만 남은 채 조용해진다. 귀동냥이 많았던 마을 지도자 한두 명은 뭐라도 해 보고 싶지만 먹고사는 일이 우선이라 도무지 동력이 붙지 않는다. 시군에 전화를 걸어 하소연해 보지만 담당자가 그새 또 바뀌었다. 주민들은 앞길이 막막하다.

잘 모신 사무장 열 공무원 안 부럽다

사무장은 마을 일꾼이다. 생업으로 바쁜 마을사람을 대신해서 일한다. 행정 업무를 대행하기도 하고, 홈페이지를 관리해 마을을 홍보한다. 홈페이지에 올리는 시시콜콜한 질문에 답글도 달고 전화 문의와 예약도 받는다. 부두에 예약한 손님을 마중 나가 짐을 실어 오고, 갈 때도 배웅한다. 손님방 청소와 이불 빨래도 사무장 몫이다. 시군에서 끊임없이 전화가 오고, 도청에서는 툭하면 교육이라고 불러댄다. 마을 청소와 꽃 심는 일도, 회의 준비와 회의록 작성도, 식단을 짜고, 장을 보고, 서빙을 하는 일도 다 사무장이 한다. 바쁠 때는 주방에서 설거지도 한다. 민원을 상대하는 일? 역시 그의 몫이다.

이렇게 많은 일을 하는데, 사무장 월급은 턱없이 적다. 최저 임금 마지노선을 220만 원에서 250만 원 정도로 하고, 사

업 추진 기간 동안 행정에서 50%, 마을에서 50%를 내자고
제안했다. 사업이 원활히 추진되기 전까지 지원하고 이후로
는 마을이 자립할 수 있도록 하자는 것이다. 결재를 받으러
간 국장에게 위에서 '재검토'를 거론했다고 전해 들었다. 성
질 급한 나는 출장 중에 도지사에게 전화를 걸어 화를 내며
마구 달려들었다.

"그 정도도 월급을 안 주면 누가 마을로 내려옵니까? 청
년, 청년 하는데 그 돈을 받고 청년들이 어떻게 생활하고 일
을 합니까? 왈왈 와르르르 왈왈왈…"

"반대한 게 아닙니다. 왜 마을사업마다 사무장 임금이 천
차만별인지 검토해 보라고 했어요."

전달 과정에서 청취와 해석의 오류가 난 그날 오후, 벌어
진 사태에 기겁한 순진하고 겁 많은 우리 과장은 내가 눈앞
에 있었다면 포클레인을 몰고 오려고 했단다. 기냥 파묻어 불
라고.

어쨌거나 마을 사무장은 '잘 모셔야' 한다. 이것은 아무리
강조해도 지나치지 않다. 백만 년 만에 주어진 사업 기회의
성공 여부는 사업을 하며 나온 결과물을 얼마나 잘 운용하고
안착시키는가에 있다. 이때 사무장이 주민들의 환영과 도움
아래, 구원투수로 등판해 착착 운영한다면 성공에 가까이 갈
수 있다. 알다시피 도시재생 사업과 마을사업 모두 국민 혈세

로 시행한다. 그러니 차고앉아 운영할 사람이 없고, 준비할 여력도 없다고 판단하면 사업을 연기하거나 아예 시작하지 말아야 한다. 인력을 사전 파악하는 것도 필요하다. 마을의 훌륭한 새 공간을 잘 이끌어 갈 사무장으로 일할 만한 사람은 있는가, 노인이 대부분인 동네라면 귀촌한 사람이 있는가, 있으면 몇 명이나 있는가, 귀촌한 외지인에게 마을 대소사를 맡길 수 있을 정도로 열린 마을인가까지 다양한 각도로 확인해 봐야 한다.

사업 순서에 따라 이것저것 짓고 만드는 것은 공사업체가 설계서나 시방서대로 하면 된다. 하지만 아주 작은 사업을 할 때도 치밀하게 준비하고 분석해야 하듯, 시골마을에서 시행하는 사업은 더 많은 진단과 준비가 필요하다. 대부분 지자체에서는 대충 토목과 건축만 마무리 짓고 끝을 알리지만 그때부터가 진짜 시작이다. 그래서 주민들은 그때를 대비해 마을 사무장을 뽑아 놓아야 한다. 공채도 좋고, 마을 출신 자제도 좋다.

사업을 하며 수많은 사무장을 경험했다. 하나같이 좋았지만 마을의 괴롭힘에 시달리다 지쳐 떨어져 나간 사람, 계속 투쟁하는 사람, 주민과 복작대며 어울려 잘 유지해 가는 사람, 각양각색이다. 어쨌거나 좋은 사무장이 든든히 마을을 지키는 것, 그게 마을의 복이다.

마을 교육은 중요해

◉

섬 할매들이 노인용 유모차를 속도감 있게 밀며 마을회관으로 몰려들었다. 그 섬 주민들은 대부분 노인이었지만 혈기왕성했고, 마을회의는 늘 진중해서 서로 고함을 치는 일도 거의 없었다. 한마디로 회의에 익숙한 세련된 마을이었다. 이장님은 오랜 노동으로 단련된 매우 큰 손을 갖고 있었다. 어진 인상에 성격도 침착하고 고집을 부릴 줄도 아는 마을 리더여서 일하기가 좋았다. 시군 행정 담당도 활기차고 신나게 일해서 손발이 잘 들어맞았다. 도 담당까지 합쳐 삼자 간 궁합이 좋으니 일은 처음부터 순서대로 착착 진행되었다.

이 마을은 다른 섬과 비교해 학습욕구가 가장 높았다. 주민대학을 개설한 첫해부터 널찍한 마을회관이 주민들로 꽉 찼다. 보통이었다면 졸거나 나가거나 할 만한 강의에도 쏟아지는 졸음을 참고 끝까지 자리를 지키며 집중하는 풍경이 처음에는 좀 많이 낯설었다.

지루했을 1, 2학기 실내 강의 끝에는 선진지 견학이 기다리고 있었다. 마을재생 사업이 잘 이루어지고 있는 곳을 찾아가 마을의 변화를 체감하고, 그 마을주민에게 직접 어려웠던 점과 자랑할 만한 점이 무엇인지 듣고 둘러보는 시간이었다. 그러나, 마을사람들은 대부분 '견학'이라고 쓰고 '관광'으로 읽는다. 평소 교육시간에는 나오지 않다가 견학을 간다고 하면 발 벗고 나서는 경우가 많아서 나름 노하우가 있었다. 매 강의를 마칠 때마다 출석부를 체크했던 것. 오랜만에 누구 아버지, 누구 댁이 아닌 온전한 자신의 이름으로 불린 주민들은 "네!" 하고 큰 소리로 대답한다. 그리고는 막 웃어버린다. 시작 때도 아니고, 마칠 무렵에 출석부를 체크하니 몇몇 사람들은 궁금해 했는데, 사실 개근자만 선진지 답사를 갈 수 있다는 비공개 계획이 있었다. 모두 열심히 공부하는 것은 아니라 이 계획은 늘 성공했고, 보통 섬마을 하나에 버스 한 대면 충분했다. 헌데 이 마을은 완전히 상황이 달랐다. 개근생이 너무 많았던 것이다.

예산을 늘릴 수도 없는 상황에 버스는 한 대로 한정되어 난처한 상황이었다. 상황을 설명하고 어쩌면 좋겠느냐고 주민들이 모인 자리에서 터놓고 물었다. 일부는 다 함께 갈 수 있도록 예산을 마련해 달라고 했고, 다음에 다 같이 가자는 사람도 있었다. 그러다가 누군가가 선발 시험을 보는 게 어떻겠느냐는 의견을 내어 시도해 봤지만 정답이 있는 질문이 아니라 결론이 나지 않았다. 대신 이 시험으로 주민들이 집행부를 믿고 잘 따라준다는 것은 확인할 수 있었다.

"주민대학은 4년간이라 앞으로도 기회는 있어요."

그래서 주민들에게 맡겼다. 도 담당과 시군 담당을 포함한 행정 네 명, 주민 스물여덟 명으로 구성을 하되 여성의 참석률이 절반은 되어야 한다는 조건을 걸었다. 더불어 이장, 어촌계장, 부녀회장, 청년회장, 노인회장 등 마을 리더가 꼭 참석해야 했다.

그렇게 선진지 답사단 구성이 마무리되고, 견학도 무사히 마쳤다. 2박 3일간의 여정에 참여한 주민들로부터 기대하던 평가가 나왔다.

"놀도 몬하고 공부만 하고 힘드요. 담엔 안 올라요!"

음하하하핫! 성공이다, 성공!

진심을 다해 마을 교육

사나흘 동안 전문가들이 온 섬과 사람을 샅샅이 파헤쳐도 기발한 마을재생 아이디어가 쉽사리 떠오르지 않을 때가 더 많다. 호흡을 길게 갖고 이것저것 대입해 보거나 머릿속에 가상 시뮬레이션을 돌려 보는 수밖에 없다. 그사이, 주민들과의 소통은 여러 방식으로 이어져야 한다. 교육, 회의, 놀이, 무엇이든 괜찮다. 그 안에서 가능성을 발견해야 한다는 목표로 면밀하게 관찰해야 한다. 주민과의 만남과 소소한 대화에서도 힌트를 얻을 수 있다. 그중 주민 교육은 마을을 운영하기 위한 역량 강화를 위해 특히 중요하다. 지혜와 경험 가득한 인생 대선배요, 살아 있는 근대 역사 교과서인 주민들에게 '교육시킨다'라는 말이 자칫 불손하게 들릴 수도 있지만 그냥 함께 공부하자고, 알아야 이 사업을 잘할 수 있지 않겠느냐고 자꾸 강조하는 것이 좋다. 마을재생 사업이 무엇인지, 왜 해야 하는지 귀에 딱지가 앉도록 설명을 반복하자. 그러다 어느 날 주민회의 자리에서 "마을재생 사업이 뭔가요?" 물었을 때, 주민들이 합창으로 대답한다면 성공이다.

전문가를 초빙하는 경우 강의를 할 때는 단어 선택에 유의하게끔 해야 한다. 많은 강사들이 흔히 범하는 잘못은 전문용어와 외국어, 행정용어를 자주 사용하는 것이다. 심지어 주민들을 대상으로 그러한 용어들로 점철된 강의를 하는 사람도 있다. 개인적으로 그런 강사를 무지하거나, 예의가 없는 사람으로 여기고 다시는 초빙하지 않는다. 곁에서 듣고 있자면 얼굴이 다 화끈거린다. 공부 시간에 빠지지 않고 출석하는 분들은 주로 할머니 할아버지들이다. 경로당에서 하는 경우가 많아서다. 감사한 이 분들을 위해서 강사는 반드시 누구나 알아듣기 쉬운 언어로 조정해야 한다.

주민교육 시간은 해당 지자체의 성의를 알아볼 수 있는 잣대가 되기도 한다. 특히 시군 담당들의 의지는 태도에서 드러난다. 강사진을 위한 자세한 사전 배편 안내, 주민들을 위한 간단한 간식거리 준비, 청소와 정리 같은 교육 사전 준비 등 사소하지만 가장 중요한 일련의 준비 과정만 보아도 단번에 알 수 있다.

　　주민들과 함께 공부하는 행정은 뭐가 달라도 다르다. 만약 교육이 진행되는 동안 밖에 나가 휴대폰이나 주물럭거리는 이가 담당이라면 조용히, 기술적인 친절함을 발휘해 불러들인다. 주민교육 운영 지원을 위해 함께 출장을 내고 온 직원들 중 가장 높은 사람을 부르는 게 효과적이다. 눈도장만 찍고 소주나 한잔 먹고 가야지, 생각하고 온 이에게 "과장님, 함께 공부하는 모습을 보여 주시면 참 좋겠습니다" 하고 친절하게 유도하자. 다시는 따라오지 않는 부작용도 있지만 이 사업은 민관이 함께 이해하며 나아가야 이룰 수 있는 일이다. 그러니 한 명의 담당 공무원이라도 더 알고 배워 가는 것이 중요하다.

주민을 대상으로 하는 강의를 맡았다면? 강사는 여느 때와는 다른 강의 준비를 해야 한다. 간단히 분류해 보건데 다음 세 가지를 신경 써야 한다.

1. 발표 자료는 쉽고, 시원하게!

먼저 어떤 의도로 교육을 하는 것인지 정확하게 파악하는 것은 기본이요, 어려운 단어는 모두 생활 언어로 바꾼다. 특히 작은 사진과 작은 글자, 넘치는 글들은 과감히 버리고 크고 시원하게 구성한다.

2. 짧은 강의라도 친밀감 있게!

다음은 태도의 문제다. 30분이라도 미리 도착해서 마을도 둘러보고 주민과 반갑게 인사하며 시작하면 좋다. 교육 진행 장소는 대부분 경로당이나 마을회관 방바닥이니, 앉아 있기 고역인 주민들을 위해 한 시간에 10분씩은 꼭 쉬길 권한다. 앉아 있는 주민들의 목 건강을 위해 양해를 구한 후

눈높이에 맞춰 앉아서 강의하는 것이 좋다.

3. 마음 씀씀이를 넓게!

한 음을 고수하는 고요한 말하기 말고 또박또박, 고저장단의 리듬감 있는 말하기로 강의하자. 그러면서도 따박따박 정확하게 내용을 전달해야 주민들이 잠에 빠지는 걸 막을 수 있다. 주민들의 반응을 항상 살펴야 하는데, 만약 다수의 주민들이 졸고 있다면 그대는 다음부터 안 오셔도 된다. 듣거나 말거나 혼자 시간을 때우고 가는 강사도 있고, 이것저것 재미난 것들을 준비해서 수업을 즐겁게 진행하는 강사도 있다. 결국 개인 능력의 문제라고 보기 쉽지만 능력의 반은 배려, 즉 마음 씀씀이에서 나온다.

다 같이 잘사는 마을기업 만들기

◎

이 일을 하며 줄곧 집중하고, 추구해 온 것이 있다면 마을에 사회적기업과 생활협동조합 형태의 마을기업을 만드는 일이다. 벽화마을로 유명한 경남 통영의 '동피랑 생활협동조합', '욕지도 할매바리스타 생활협동조합'은 주민들과 함께 애정으로 일군 마을의 효녀이자 효자다. 이 경험을 바탕 삼아 전남 섬을 돌며 마을 법인격인 협동조합을 여럿 만들었다. 섬이 선정되고 사업비가 확정된 후 사업이 진행되기 시작하면 곧바로 협동조합 교육을 시작했다. 기를 쓰고 마을기업을 만드는 데는 몇 가지 이유가 있다.

마을기업, 협동을 위한 장

가장 큰 이유는 주민 간에 생기는 갈등을 방지하기 위해서다. 사업 덕분에 마을에 조금이라도 지원금이 풀리면 주민들 마음에 작은 의심의 불씨가 자라난다. 이장과 어촌계장이 콩고

물이라도 좀 얻어먹지 않을까 하는 마음이다. 깜깜한 시절, 그런 일들은 많았다. 심지어 지금도 가끔 소문이 들린다. 소위 '삥'을 뜯는 일이 가끔 벌어진다. 좋게 넘어가려는 마음에서 하도급에 또 하도급을 받은 형편 넉넉지 않은 업자는 적은 금액이라도 건넨다. 물론 요즘 그런 이장은 많이 사라졌고, 오히려 음료수와 식사를 대접해 가며 공사를 더 단단하게 해 달라고 부탁하는 이장들이 생겼다.

사업 진행과 동시에 시작한 협동조합의 정의와 개념 교육을 거친 후에는 조합원 가입원서를 받는다. 특히 주의해야 할 점은 마을주민이 한 사람도 빠지지 않고 조합원으로 가입할 수 있도록 설명하는 것이다. 간혹 주민 간에 껄끄러운 일이 있어 조합원 가입을 못 하는 사람도 있다. 그럴 때는 사무장이 직접 찾아가 설명하고 가입할 수 있도록 하는 것이 중요하다. 소외와 내침, 포용과 배려 사이 중요한 변곡점이다. 죽어도 마을협동조합에 가입하지 않겠다는 한두 사람을 제외하고는 주민 모두가 가입하는 것이 좋다. 공동의 일이기 때문이다. 모두에게 조합의 문이 항상 열려 있음을 친절하게 알린다. 관심 있는 몇 사람만 운영하면 결과적으로 '저거들끼리 해 처먹는다'던가 '행정이 주민을 갈라치기 한다'는 비난을 면치 못한다.

조합원 가입 과정 이후에는 임원을 선출하고 설립 신고를 마치는 일까지 비교적 무난하게 진행된다.

조합원 가입비 조정도 마을의 형편에 따라 하는 것이 좋다. 5만 원을 출자하는 곳도 있고 50만 원을 출자하는 곳도 있다. 누군가 사는 형편이 좀 낫다고 "100만 원씩 합시다" 하는 순간 많은 사람들이 소외된다. "얼마씩 하면 좋을까요?"라고 말하되, 적정한 금액을 슬쩍 제시하는 참견은 필요하다.

작지만 큰, 마을의 씨앗

섬마을 기업이 주업으로 하는 것은 대부분 특산품 관련 일이다. 방문객을 먹이고 재우는 숙식 제공을 하거나 더러는 마을 곳곳을 안내하는 섬 여행사를 만들기도 한다. 이와 연계해 손님들에게 그때그때 마을에서 나오는 것들을 판매한다. 그러나 김, 다시마, 멸치, 미역, 톳 같은 1차 생산물을 날것 그대로 팔기는 어렵다. 건조와 절단, 진공 포장 작업이 필요하다. 이럴 때 마을법인이 있으면 유리하다. 마을기업 지정을 받을 수 있고, 국비 사업을 신청할 수 있는 자격이 주어진다. 국비를 받으면 건조기, 절단기, 진공포장기 같은 기기 마련은 물론 포장지를 예쁘게 디자인해 만들 수도 있다. 그러면 물건이 아무리 좋아도 싸구려처럼 보이게 만드는 마법의 검정 비닐봉지에서 벗어나, 섬 주민들이 한 올 한 올 걷어 올려 만든 정성 가득한 특산품으로 비로소 거듭날 수 있다.

협동조합을 만들고 나서 더 중요한 것은 유지 관리다. 조합은 주민 관심이 덜하다 싶을 때 경로잔치를 주최하거나, 전문가들을 초빙해 마을기업에서 생산할 수 있는 것을 더 조사하고 연구하는 것이 좋다. 실현은 어려웠지만 어느 섬에서는 신선한 공기를 팔자는 멋진 의견을 내기도 했다.

마을조합 운영으로 큰돈을 벌기는 어렵다. 돈보다는 마을을 위한 기업임을 주민들에게 처음부터 잘 설명해야 한다. 몇만 원 출자로 큰돈을 벌겠다는 주민들도 없지만 이렇게 작은 씨앗을 잘 심고 키워 내년에는 두 배, 그다음 해에는 또 두 배 성장시킨다는 기대와 마음 정도를 공유하면 좋다.

협동조합의 현명한 운영은 이익금 배당보다 일자리를 만드는 일이다. 혼자서 일하면 일당을 많이 받을 수는 있겠지만 그것은 옳지 않다. 그 일을 두 명 혹은 네 명이 하도록 나누는 게 좋다. 일자리 나눔은 불필요한 다툼을 줄이고, 적은 인건비를 받고 마을공동체에 기여했다는 소소한 자존감을 안긴다.

돈이 좀 모이면 조합원들끼리 나누어 가지는 것보다 좀 더 보람된 일을 하도록 유도하는 것이 좋다. 혼자 사는 80세 넘은 노인들의 식사는 대부분 열악하기 그지없다. 찬밥에 물을 말아 김치를 곁들이는 게 끝인 경우가 많다. 그분들을 위해 점심 한 끼라도 영양을 골고루 갖춘 식사를 대접하는 것을 조합 운영목적으로 하면 어떤가. 거동이 불편한 노인들을 모시고 한 달에 한 번씩 목욕탕에 가는 행사도 좋다. 세신사의 도움도 받을 수 있도록 배려하면 더 좋지 않을까. 이러한 사업들은 조합원들도 마다하지 않을 것이다. 곧 닥칠 자신의 일이자 마음을 은근히 무겁게 하던 노인들의 안부를 묻는 일은 개인이 하기는 어렵지만 마을협동조합에서 하기는 그리 어렵지 않다.

마을기업의 성공을 좌우하는 리더의 힘

협동조합은 법인이다. 법인의 성격상 담당 법무사 사무소가 붙고, 운영 전반에 걸쳐 감사와 이사를 두게 되어 있어 한두 명의 합의로는 횡령이 이루어지기가 어려운 구조다. 조합원인 마을주민들의 걱정과 의심을 덜어 주기 위해 매월 지출과 수입을 보고하고, 안건을 논의하는 형식은 법인 공동체에서 꼭 필요한 절차적 민주주의다. 주민 간 불신을 해소하고, 불필요한 혐의로 인한 스트레스를 줄이기에도 좋은 구조이기 때문에 보고회는 매월 정기적으로 성실하게 실행해야 한다.

협동조합이 잘되는 마을도 있지만 시작만 해 놓고 안 되는 마을도 많다. 첫 번째 이유는 욕심 많은 리더 때문이다. 공동사업보다 개인사업이 더 돈이 된다는 생각이 들면 그 아이템을 본인이 직접 하고 싶지 마을과 나누기 싫은 것이다. 더러는 개인사업과 마을사업을 동시에 열심히 하는 훌륭한 조합 리더들이 있는데, 이런 마을은 역시나 협동조합이 잘 운영된다.

계획만 잔뜩 세우고 무엇 하나 실천하지 못하는 우유부단한 리더가 있는 경우도 망한다. 하지만 무엇보다 최악은 너무 이기적이라 공동을 위해서는 아무것도 하지 않으려는 조합 리더다. 또 안 되는 경우는 입으로만 일하는 경우다. 마을에 필요한 사람은 입보다 눈, 눈보다 손, 손보다 발이 빠른 사람이다.

무엇이든 인사가 만사고 사람이 전부다. 협동조합은 어떤 사람을 리더로 두었는가에 따라 성공과 실패가 선명하게 나뉜다.

외부 자극과 도움도 승패의 변수가 된다. 스스로 자립이 어려운 마을기업은 중간 지원센터가 적어도 3년은 돌봐 주는 것이 좋다. 조합을 운영하는 방법과 새로운 상품을 개발해 가공하고 판매하는 방법, 심지어 회의하는 방법까지 친절하게 밀착 지원하는 것이다. 성공은 디테일에 있다. 누가 얼마나 지속적인 관심을 갖고 키워 내느냐가 관건이다. 중간 지원 조직의 도움과 관심이 끊어지자마자 그대로 망한 곳도 많다. 참말로 으째야 쓰까이!

섬, 인생 프로젝트가 되다
– 기점·소악도에서

운명의 섬을 만나다

◎

신안군 압해읍 송공항은 압해대교로 이어져 목포에서 차로 갈 수 있다. 송공항에서 배를 타면 한 시간 정도가 걸리는 곳에 이 섬이 있다. 직선거리는 매우 가까운데 배도 시골버스처럼 완행이라, 이 섬 저 섬 들렀다 간다. 공모 신청이 올라오고 서류 평가에서 통과하면 현장 답사를 가는데 바로 그 길에 올랐다. 기점·소악도라는 곳이다.

개인적으로 이름에서 섬의 첫 이미지를 상상하고 떠올린다. 물론 선입견이요, 편견일 수도 있지만 음… 청산도, 연홍도, 갈도, 새섬, 매화도, 소이작도, 토끼섬. 이 얼마나 가 보고 싶게 만드는 이름이더냐! 기점·소악도라는 섬은 정말 처음 들어 보았다.

"섬 이름이 왜 기점이고 왜 소악인지는 아요?"

"우들이 고것을 어치케 알것어라? 기양 이전부터 그리 불러져 왔당게요."

"소악도는 골짜기나 산이 좀 있소?"

"아니 골짜기는 없어라, 누가 문댄 것 마냥 납작한 섬인디요?"

기점·소악도는 대기점도와 소기점도, 소악도, 딴섬 이렇게 네 곳이 모여 이룬 섬으로 신안군 증도면 병풍리에 속한 갯벌 한가운데에 있다.

2018년, 이 섬이 '가고 싶은 섬' 조성사업 공모에 올라왔을 때만 해도 이 섬이 나의 인생 프로젝트가 될 줄은 꿈에도 몰랐다.

이 섬의 매력은 대체 무엇인가

궁금증 가득한 주민들이 마을회관에 옹기종기 모여 방문객을 기다리고 있었다. 마을사업을 통해 징하게 고요한 마을에 변화가 오기를 꿈꾸는 사람들이다. 섬에는 꽤 젊은 이장도 있고, 낙지잡이가 주업인 귀향인도 있었다.

너무 부드러워 마치 회색 아이스크림 같은 갯벌이 사방에 끝도 없이 펼쳐져 있었다. 그 젖은 땅은 생명의 보고이지만 발밑이 푹푹 꺼지는 막막한 절망의 냄새가 나는 듯도 했다. 짱뚱어가 갯벌 위를 나는 것처럼 달리다가 문득 멈춰 서 동그란 눈을 내밀고 인사한다. 갯벌에는 지주식 김을 키우는 긴 나무 장대들이 마치 설치미술 작품처럼 나란히 꽂혀 있다. 수면 위로 작은 수차들이 부지런히 돌아다니는 곳은 새우 양식장이다. 한때 숱 많은 방풍림이었을 솔밭을 지나, 조그만 모래 해변을 건너면 '딴섬'이라 불리는 작은 무인도가 있다.

기점·소악도는 섬이지만 논밭이 많고, 키 작은 해송이 가득한 야산도 있다. 밭은 완만하고 능선은 부드럽다. 잊을 만하면 어가가 서너 채 나타나는 전형적인 어촌마을의 풍경이지만 특별한 것이 하나 있다. 노두길이다. 물때에 따라 하루에 두 번씩 잠겼다 드러나는 폭이 약 2m 내외의 신기한 길. 하부는 자갈돌로 쌓고 그 위에 시멘트로 포장한 이 길은 물길이 서로 넘나들며 만날 수 있도록 낮게 쌓아올렸다.

노두길은 양쪽 마을주민들이 수년간 돌을 던져서 갯벌을 메워 만든 이 섬과 저 섬을 잇는 길이다. 그러나 물이 들면 바다 속으로 꼬로록 흔적도 없이 사라지는 길. 어쩌다 물때를 잘못 맞추면 사람들은 그 밀물이 다 빠져나가 길의 얼굴이 보일 때까지 서너 시간을 하염없이 기다려야만 했다. 기점·소악도에는 가수 김원중의 그 유명한 노래 '직녀에게' 가사처럼 '가슴과 가슴에 노둣돌을 놓아' 만든 길이 자그마치 네 개나 있다. 과연 특이한 길이었다.

그러나 이곳에는 그 길을 빼면 주목할 만한 경관이나 특이한 스토리텔링이 없었다. 절로 한숨이 팍팍, 불만도 팍팍 터져 나왔다.

'1004개나 되는 그 많고 많은 섬 중에서 왜 하필 이런 섬을! 조금만 손대면 기운이 팍팍 날 섬들이 을매나 쌔고 많은디 뻘 바닥에 띄엄띄엄 있는 섬이라! 왐마, 참말로 징하다야.'

주민간담회를 마치고 돌아와서도 가슴이 답답했다. 찍어온 섬 곳곳의 사진을 보다가 푸욱 한숨을 쉬었다. 어찌하여 이 섬이 '가고 싶은 섬' 사업에 선정되었을까. 섬은 원래 대한민국의 오지지만 이곳은 더한 오지라 심사위원들이 연민의 마음이 더 갔던 것일까.

집으로 돌아와 그 섬을 처음 만난 황량한 겨울의 송공항에서부터 기억을 되짚어 보았다. 배를 타고 이 섬 저 섬에 들렀다가 대기점도에 내려서 본 갯벌을 향해 길게 뻗은 완만한 곡선의 특이한 선착장, 대기점에서 소기점으로 가는 길과 소기점에서 소악도로 건너가는 길에 자주 바다 속으로 자취를 감추던 노두길. 갯벌에 꽂힌 지주식 김 양식용 막대들은 수묵담채화를 그려내듯 이색적인 풍경을 완성했고 너무나 한가하고 평온한 섬은 겨울바람 속 수채화 액자처럼 정지해 있었다. 그런데 가만 있자, 생각해 보면 사실 아무것도 볼 것이 없어서 아무 곳에나 오래도록 시선들이 가 닿았고, 몸과 마음이 최면이라도 걸린 사람처럼 안정감 속에 늘어졌다. 걸어도, 걸어도 변하지 않는 풍경 속에서 무척 편안함을 느꼈던 것 같다. 어떤 이들은 이를 지루함이라 하겠으나 어떤 여행자는 가습 요동치는 절경보다 이토록 정적인 수묵화 속에 자신을 데려다 놓고 싶은 마음도 있는 것이다.

그러나 이렇다 할 주제는 전혀 떠오르지 않았다. 물론 주민 복지나 마을을 가꾸는 일을 해도 좋다. 하지만 40억이라는 적지 않은 예산으로 복지 보강은 물론 매력 넘치는 주제로 마을에 활기를 불어넣는다면 주민들에게 일거리가 생기고 마을이 자립할 수 있다. 대체 그 무언가가 무엇일까 골똘히 생각했다. 어떻게 가꿀 것인가, 고심이 깊어갔다. 그러다 '에이 그냥 다시 가 보자' 싶어 길을 나섰다. 언제나 해답은 현장에 있는 것!

노두길과 노두길 사이에서

그 겨울, 소리 소문 없이 그 섬으로 다시 갔다. 이장님에게 부탁해 마을회관을 빌리고, 떡라면을 끓여 먹으며 이틀을 묵었다. 동이 틀 무렵, 물이 막 빠져나가는 시간을 노려 발목까지 물이 찰랑대는 노두길을 맨발로 걸어 보았다. 흰 발등을 간지럽히는 물결이 부드럽고 선선했다. 노두길 이쪽에서 물길에 갇혀 물이 빠지기를 하염없이 기다리며 저쪽 풍경을 바라보는 심심한 시간이 뜻밖의 선물 같았다. 다른 하루는 반대편에서 물이 나가기를 덤덤히 기다리기도 했다. 내 생애 또 언제 바다가 내어 주는 길을 기다리는 시간을 가질 것인가. 막막한 생에서 기적처럼 나타나는 저 검고도 하얀 길, 하루 두 번, 물때에 따라 정확하게 드러나고 사라지고를 반복하는 노두길은 모세의 기적을 보듯 멋지고 매력적이다. 가다가 바다 속에 잠긴 노두를 만나면 서너 시간 쉬었다 가야 하는 길, 숨 가쁜 생애의 자연 쉼표가 거기 있었다.

주민들에 의하면, 섬과 섬을 잇는 노두길은 갯벌에 돌을 던져서 만든 길이다. 수개월, 수년 동안 돌을 던져 밑에서부터 차곡차곡 채워 마침내 두 발로 건너갈 수 있도록 만든 삶의 흔적이다. 이 돌무더기 다리를 건너서 어른들은 옆 동네 논밭으로 일하러 갔고, 아이들은 학교를 오갔다. 누군가는 그 다리를 건너 시집을 왔고, 누군가는 상여를 타고 나갔다.

마을과 마을을 잇는 두 번째 노두를 건너고 세 번째 노두를 건너면서 이 섬의 가장 큰 매력은 직선 혹은 완만한 곡선으로 존재하는 네 개의 연속성 있는 노두길이라는 것을 다시금 확인했다. 그러나, 그것만으로 뭔가 부족했다. 길을 따라서 가면 가끔 위안이 되는 풍경을 만나야 하는데 평범한 어촌 마을, 작은 밭들, 세월과 함께 낡아 가는 회색 슬레이트 지붕들, 벌겋게 녹슨 양철지붕 아래 모인 동네 고양이들밖에는 없었다. 물론 이처럼 소소한 풍경들이 때로는 힘이 되기도 하지만 누구에게 여행을 오시라 청하기에는 뭔가 아쉬웠다.

또 다른 날, 다시 출장을 신청하고 대기점도 선착장에 내려서 소기점도, 소악도를 지나 딴섬까지 걸어 보았다. 12km 정도 되는 길을 걸으며 열 번 이상은 쉬었다. 사뭇 쓸쓸한 풍경 속으로 걷기가 좋았다. 오르막이 없어 길이 편안했다. 주변 작은 웅덩이와 폐가들, 새우 양식장에 멈춰 버린 작은 수차들을 구경했다. 모래 해변까지 산책 나온 주먹만 한 피뿔고둥을 서너 마리 잡았고, 바위에 붙은 석화를 돌로 쪼아 먹었다. 겨울 섬 여행이 좋은 이유는 풍경이 삭막하고 쓸쓸해서다. 내가 가진 슬픔, 스산함, 피로와 우울. 그것들이 아무것도 아니라는 위로를 받는다. 자연이 전하는 위로는 깊다. 매정하고, 더럽고, 어지럽고, 삭막한 풍경이 전하는 위로는 이상한 힘이 있다.

"쉼터가 필요해."

혼자 터벅터벅 멍하니 걸으며 내가 나에게 말했다. 문득 산티아고 길을 걷는 순례자들이 떠올랐다. '나'와 '내'가 이야기를 나누고 내가 나를 위해 노래를 불러 주며 걷는 길. 그러다 지치면 서로 싸우고, 나가떨어지기도 하는 길. 혐오와 외면, 질시의 에너지마저 다 소진했을 때 다다른 곳에 작은 성당 하나.

산티아고 길은 아주 오래전, 어두운색 망토를 입은 수사들이 묵언수행으로 걷던 길이다. 이제는 전 세계 사람들이 트래킹을 하러 가는 명소다. 그럼, 그 먼 산티아고 길까지 못 가는 사람들을 위해서 섬과 노두길을 따라 아주 작은 '섬티아고 길'을 만들어 보면 어떨까. 종교에 상관없이 걷다가 들러 한숨도 좀 쉬고, 널브러져 누웠다가, 멍하니 생각에 잠기는 작은 위로의 공간이 띄엄띄엄 있으면 좋겠다는 생각이 들었다. 예쁘고 견고한, 풍경을 거스르지 않는 건물, 건축이되 미술작품인 그런 공간들. 섬에서 나가는 여객선 온돌 방바닥에 엎드려 머릿속에 흩어진 그림을 차분히 글자로 정리해 보기 시작했다.

결정의 순간

때마침 전국은 걷는 열풍 속이고, 땅이 평평해 남녀노소 걷기도 좋은 이 섬에 걷기라는 콘셉트를 끼워 넣자는 생각은 처음부터 했었다. 그래서 사실 이 섬마을에 첫 번째 그린 그림은 '꽃피는 숲길'이었다. 마을과 마을을 잇는 매력적인 노두길을 중심으로 1km마다 다른 수종의 나무를 심어 보자 싶었다. 대기점에서 소기점으로 가는 길에는 아까시나무를 예쁘게 심어 5월이면 향기가 온 길에 가득 퍼지도록 하고, 논 옆 마을 안길에는 논물에 비친 아름다운 벚나무 꽃그늘이 지면 좋겠다고 상상했다. 소기점 가는 길에는 여러 종류의 동백나무를 빽빽이 심어 동백 터널을 만들면 어떨까? 소악도 길은 수형이 아름다운 돈나무와 열매가 예쁜 먼나무가 좋겠다. 딴섬 가는 길은 바닷가라 해풍에 강한 상록수, 후박나무가 잘 자랄 것이다. 잘 조성된다면 여행자들에게는 참 걷기 좋은 길이 되리라.

하지만 주민들은 뭘 먹고 살지? 나의 화두는 늘 여기에서 머문다. 여행자들보다 주민들에게 돈벌이가 되는 게 무엇일지 고민한다. 사실, 평생 해 온 살림 솜씨로 손님들을 먹이고 재우는 것 외에는 달리 할 수 있는 게 거의 없다. 여행자들이 혹할 절경도, 백사장도 없다. 더군다나 뚝뚝 떨어져 있는 마을들을 어떤 끈으로 묶어 낼 것인가.

두 번째 주민교육을 진행하던 어느 수요일이었다. 수업에 고작 주민 세 명이 참석했다. 다들 교회에 갔다고 했다. 알고 보니 기점·소악도가 속한 신안군 증도면은 문준경 전도사 순교로 인해 오래전부터 교인이 많았고 주민 대부분이 크리스천이었다. 마을재생 사업은 주민들이 좋아하고 이해하는 콘셉트로 가는 것이 기본이요, 실패할 확률이 적다. 나는 '걷기, 풍경, 유인책, 색다른 것, 주민소득, 지속성, 만족도' 이 일곱 가지 키워드를 놓고 좋지 않은 머리를 다시 굴려서 연구하기 시작했다. 물론 종교색만으로 갈 수는 없는 노릇이었고 특히 각양각색의 방문자들이 거부감을 가지지 않도록 배려하는 것이 중요했다. 12km를 걷고 여객선 온돌에서 따뜻하게 배를 지지며 오던 바로 그날, 생각은 '걷기 + 풍경 + 적당한 그

늘 쉼터'로 압축되어 결정의 순간을 맞았다. '긴 휴가를 내기 어려운 직장인이라면 이미 포기했을 산티아고 길을 이 외딴 섬에 미니멀하게, 한국식으로, 섬 스타일로 만들어 보자. 어느 누구라도 와서 거부감 없이 들를 수 있는 쉼터도 함께 잘 만들면 작품이 될 것이다.

"오케이! 오오오~ 케이케이케이!"

미심쩍음이 사라지고 확신이 꽉 차오르던 그날 밤, 흥분 속에 그림을 그리느라 날이 밝았다. 불면으로 인한 두통으로 다음 날 연차를 사용해야 했다. 그다음 주, 주민들 앞에서 발표를 했다. 다행히도 주민들은 대환영이었다.

프로젝트, 인연을 만나다

이후 프로젝트를 함께할 파트너를 찾기 시작했다. 순례자의 길이라는 주제를 중심에 두고 위치 선정과 부지 확보로 시작해 어떤 디자인의 건축물들을 만들어 배치할 것인지 고민하며 아는 인맥을 총 동원해 연락을 돌렸다. 맨 처음 상의한 것은 잘 아는 건축가다. 1평 남짓의 멋진 쉼터를 곳곳에 짓겠다고 하니 무척 매력적인 일이지만 1년을 그 섬에 상주하다시피 해야 하니 어려울 것 같다는 답이 돌아왔다. 건축학과 교수는 "멋진 일이네요. 학생들과 얘기해 볼게요. 그런데 예산이 너무 적어서 가능할까 싶어요" 하고 말했다. 완만한 거절이었다.

시간과 예산, 인력의 총체적 부재였다. 우리가 내건 조건은 예산 사용이 가능한 법인 형태의 그룹이면서 충분한 국내외 인력을 확보하고 있을 것, 건전하고 성실하며 주민과의 공감 능력이 뛰어날 것 등이었다. 공공미술팀을 다시 접선할 수밖에 없었다. 한 팀이 응답해 왔다. 공공미술에 대한 경험이 있었고, 이 사업을 잘 이해하고 있을 뿐더러 국내외 네트워킹도 좋아서 파트너로서 큰 손색이 없다고 판단했다. "오케이, 그럼 해 봅시다."

하지만 이런 모든 노력도 행정의 관심 없이는 무용지물이다. 당시의 행정 수장인 군수가 이 사업에 영 시큰둥했다. 제안서를 보냈지만 답 없이 시간만 흘렀다. 행정부서는 군수가 관심 없는 사업을 절대로 추진하지 않는다. 여러 차례 전화도 걸고 기획안을 수정해 다시 올려도 봤지만 반응이 없었다. 기다리다 못해 직접 찾아가서 설명하겠다고 우겨 군수실에서 국장, 과장들을 앞에 두고 기획안을 설명했다. 하지만 이마저도 실패였다.

그렇게 허송세월하는 사이 행정 담당자는 6개월마다 바뀌었다. 바뀐 사람을 붙잡고 "에 또, 마을재생 사업이란, 기점·소악도는" 설명하는 것만으로도 힘들었다. 주민들도 날마다 교육만 시킨다고 지쳐 갔고, 공공미술팀도 외국 작가 섭외를 해야 하나 말아야 하나 기다리며 실망만 늘어갔다. 군에서 움직이지 않으니 나중에는 사업비 전체를 반납해야 하나 걱정이 되었다. 2년 가까운 시간이 그렇게 지나가 버렸다. 마침내 지방 선거가 다가와 군수도 도지사도 바뀌었다. 변화가 시작된 것이다. 동시에, 계약이 끝나서 정들었던 남도를 떠나야 할 시간도 함께 왔다. 다른 어떤 것보다 순례자의 길 프로젝트를 시작도 하지 못한 것이 너무나 아쉬웠다. 다른 곳에 통째 가져가서 하고 싶을 만큼 애착이 갔고, 나름 '인생 프로젝트'라고 손대고 들여다보며, 혼자 빙그레 웃던 소위 '자뻑'의 시간이 그대로 끝날 것만 같아 허무했다.

그러나 프로젝트도 인연이 있는 법이다. 신안군에서 나를 황당하게 붙잡은 그 군수가 바로 여기서 등장한다. 국제녹색섬포럼에서 발표자로 간 내가 바라본 그는 사진만 찍고 떠나는 단체장이 아니라 누구보다 열심히 공부하는 사람이었다. 그가 군수로 당선되었다는 소식을 듣고 이 기획을 추진할 사람이라고 생각하기는 했다. 하지만 전라남도 도청 소속 섬 전문위원으로서 4년간 이어왔던 고용계약이 마무리되는 시점이었다. 그만 고향으로 가야 할 시간이었다. 이런 안타까운 엇갈림이라니!

도청 일을 정리하는 동안 많은 생각이 스쳐갔다. 이곳에 정말이지 꼭 필요한 '섬발전지원센터'를 여러 전문가들의 도움을 받아 전국 최초로 개소했다. 내가 떠나도 일할 사람들이 있어서 큰 걱정은 없었지만 훌륭한 섬발전지원센터 동료들, 정들었던 섬 주민들과 헤어져야 할 시간이 왔다는 게 아쉬웠다. 고단했지만 행복했던 뱃길, 가 닿았던 모든 항포구 모습들, 순하고 어진 남도 섬사람들의 얼굴이 차례로 떠올랐다. 울음이 먼저 터질 것 같아서 어느 섬에도 '간다'는 연락을 하지 못했다. 훌쩍 동남아시아 아름다운 해변도시로 여행을 떠났다. 쌀국수가 맛있고, 부겐빌레아 꽃이 화려한 곳에서 간만에 쉬는 것처럼 쉬었다. 돌아와서 전화기를 켰을 때 우르르 도착한 부재중 전화를 확인했다. 음성사서함에는 신안군수의 목소리와 신안군을 도와달라는 '섬 연구소' 강제윤 소장의 강압적인 요청도 있었다. 워메~ 징한 거!

귀국하자마자 군수를 만나러 갔다. 몇 번이고 전화를 주신데 대한 당연한 예의였다. "생각할 시간을 일주일만 주세요" 하고 요구하고 싶었지만 성질 급하기로 유명한 데다 추진력까지 끝내주는 그에게 붙들리고 말았다.

어쨌거나 작업은 계속된다

◎

신안군 생활이 그렇게 시작됐다. 월급 차이를 절감했지만 그럼에도 '인생 프로젝트'라 점찍은 순례자의 섬 만들기는 꼭 하고 싶었다. 집도 신안군과 가까운 북항에 얻었다.

　군수는 과연 속도감이 넘쳤다. 어디서 그런 에너지가 솟는지 궁금할 지경이었다. 언제나 유쾌하며 늘 공부하는 자세로 임하는 사람이었다. 그는 즉시 '가고 싶은 섬 TF팀'을 꾸렸고 일 잘하기로 소문난 김 계장을 붙여 주었다. 김 계장은 '가고 싶은 섬' 사업에 반월·박지도가 선정되었을 때 담당이었다. 그때 '드문 공무원'이라는 인상을 받았고, 자원도 조사를 함께한 전문가들도 그를 높게 평가했다. 보통 시군의 계장은 공무원 경력 20년 이상이 대부분이라 남을 시키기만 하고 좀체 몸을 움직이려 하지 않는데 그는 다른 사람과는 달랐다. 꼰대 같은 면모가 없고 다른 직원을 시키기보다 직접 일을 해냈다. 이처럼 언제나 타의 모범이 되는 유능한 사람들이 있어 행정부는 돌아간다. 그는 주민들과도 좀체 다툼이 없고 일을 부드럽게 잘 풀어냈다. 반면 나는 성질도 급하고 주민들과 한바탕하기도 하는 사람이다. 그래서 내가 앞서 저지르면 그는 차분하게 행정적인 뒤처리를 도왔다. 덕분에 일은 일사천리로 진행됐다.

주어진 사업 기간 5년 중 2년 반이 지난 시점, 드디어 순례자의 섬 만들기에 집중하기 시작했다. 까먹은 시간이 많아 갈 길이 바빴다. 지난겨울 메마른 대지가 뒤집어씌운 흙먼지를 안고서도 매화나무는 망울망울 꽃을 틔웠다. 반드시 치러야 할 통과의례인 주민들, 작가들과의 만남이 매화꽃 필 무렵 이뤄졌다. 누가 우리 마을에서 어떤 일을 하는지 주민들이 알아야 하므로 반드시 치러야 할 인사 의례. 이전 해에 공공미술팀으로부터 받아 본 초기 안은 몇 차례 수정 보완되었다. 작가들의 조형 조각 작품으로만 이루어진 기존 기획안을 전면 수정해 달라고 요청했다. 그렇게 작품들은 모두 작은 공소 형태로 변경됐다. 사실 함께 일할 공공미술 파트너를 찾는 데 1년은 허비를 한 것 같다. 건축 전문가들을 전전하며 사전 논의가 길었고, 더 많은 작가들에게 기회를 주고 싶던 마음이 시간을 붙잡았다. 허나 행정은 법인과 거래하기 때문에 훌륭한 아웃사이더 군단과는 일할 수 있는 기회가 드물다. 늘 이것이 아쉽다.

하지만 예술군단은 멋지게 꾸려졌다. 국내외 작가들이 먼 길을 마다 않고 섬으로 와 준 덕이다. 먼저 외국 작가인 장 미셸 후비오는 프랑스미술협회 회원으로 프랑스 남부 툴루즈 마을 예술촌장이자 조각가다. 특히 나무와 쇠를 잘 만진다. 오래전부터 공공미술을 해 온 사람으로 그의 대표 오브제인 '아트 북 콜렉티브'는 이미 세계 주요도시에 설치되어 있다. 철 구조물 한편에 아주 작은 도서함을 만들고, 그 안에 놓인 책이 여러 사람의 손을 거쳐 여행을 다닌다는 즐거운 콘셉트의 작품이다. 스페인 안달루시아 전통가옥 복원과 에코하우스 건축을 이끈 파코 슈발, 철조 조각 작가이자 유럽 전통가옥 복원에 참여했던 얄룩 마스, 사진가이자 다큐멘터리 작가인 브루노 푸르네가 우리 프로젝트에 동참했다. 한국 작가로는 홍익대 미대 출신 조각가 이원석, 독일에서 박사를 취득한 현대미술작가 손민아, 공공미술 경험이 많은 실력파 작가 박영균, '조는 하트'로 이미 유명세를 탄 작가 강영민, 다양한 형태의 공공미술 감독을 역임한 두 작가 김윤환, 김강이 함께하기로 했다.

　외국 작가들이 머물 컨테이너 하우스를 지으며 작업은 시작됐다. 숙소와 샤워장, 있으나 마나 한 주방이 전부인 열악한 곳에서 자그마치 1년 3개월 동안 머물며 작업에 몰두했다. 컨테이너 숙소는 여름엔 덥고 겨울엔 추워 살기에 정말 불편했다. 게다가 마트도 없는 섬이라 가끔 나가는 면 소재지에서 구해 온 식빵과 계란, 싸구려 와인으로 끼니를 때웠다. 한국 작가들 역시 고생하기는 마찬가지였다. 마을회관이나 경로당을 빌려서 생활을 시작했는데 이들도 밥을 해 줄 사람을 구하기 힘들어 라면으로 때우거나 각자 간단히 해 먹으며 고단하고 어려운 시간을 고난의 행군으로 보냈다.

작가들은 새로 시작한 섬 생활과 작업뿐 아니라 서류 앞에서도 어려움을 겪었다. 경험상, 작가들은 장르를 막론하고 유별난 사람들이 많다. 고집 세고 자존감은 하늘을 찌르는 괴팍한 사람들도 다수다. 그러나 공통점이 있다면 믿을 수 없을 만큼 계산적이지 못하고 순수한 면이 많다는 점이다. 하지만 행정과 함께하는 작업은 서류와의 전쟁이다. 서류를 맡은 작가는 퀭한 눈에 머리를 절레절레 흔들며 일과를 시작했고, 쥐어뜯어서 산발이 된 머리로 하루를 마무리했다. 한국에서 처음 시도하는 건축미술이기에 나의 요구는 무지할 만큼 많고 기준도 높았다. 한두 평 이내의 초소형 건축물일 것, 초대형 태풍에도 견딜 것, 백년 이상 견딜 재료를 쓸 것, 콘크리트 기초를 다질 것, 안팎으로 미감을 최대한 표현할 것, 주민들이 좋아할 것, 기간 내 완성시켜 줄 것과 같은 요구였다.

경험상 노가다 즉, 현장에서 막일을 해 온 사람들은 자존심이 강하다. 최고의 기술력을 가진 장인들이자 건축 예술가들이기도 하다. 나는 여기에도 많은 요구를 했다. 작가를 이해하고 성실하게 도와서 완성할 것, 잘 모르면 형님처럼 가르쳐 가면서 할 것, 공정이 뒤죽박죽될 수도 있으니 미리 잘 설명할 것. 이 분야 최고라고 자부하는 김 소장은 노련한 일꾼으로서 사실상 작업팀 공정 과정 전부를 이끌었다. 이렇게 작가군단, 현장작업군단, 그리고 나와 행정이 이룬 총괄기획군단, 이렇게 세 팀의 삼각구도가 완성됐다.

갈등은 어김없이 찾아오고

일이 시작되고 하나둘 모습이 드러나기 시작했다. 이곳은 능력과 기술, 미감과 지혜 같은 각자 가진 밑천이 다 드러나는 일종의 종합 미술 실험의 장이었다.

갈등은 예상보다 빨리 찾아왔다. 건축 기술에 대한 이해가 낮을 수밖에 없는 작가들과, 작품은 잘 모르지만 건축 현장 일만 수십 년 해 온 전문 시공지원팀이 서로 부딪혔다. 더군다나 김 소장은 전남에서 가장 일 잘하는 사람으로 알려진 현장건축 전문가였다. 조적에서부터 미장, 목수, 실내건축 일까지 손만 대면 못 하는 일이 없을 정도였다. 성격도 괄괄해서 동네 사람들이 무서워했다. 그가 먼저 "작가들과 도무지 대화가 안 되니 와서 해결을 좀 해야 쓰것다"며 전화로 알려

왔다. 기레빠시, 나라시, 덴죠, 벼림, 양생, 기즈리, 가다와꾸, 슬리빠, 뽄다이, 다시비빔, 시공 줄눈 등등 공사현장에서 굳어진 일본식 전문용어를 작가들이 못 알아듣는 건 당연했다. 연장이나 공법 역시 알아듣기 힘들다. "공정마다 칠판에 용어를 정리해 알아듣기 쉽게 수업을 진행하거나 행정 전담 작가가 공사장 용어를 한국말로 정리해서 벽에 게시해 주세요" 하고 주문했다.

그밖에도 작가팀과 시공지원팀 간 갈등은 한두 개가 아니었다. 작가들에게는 건축 공정에 따른 기술이, 시공지원팀에게는 디자인 디테일을 구현하는 미감이 없었다. 서로 간 충분한 대화가 필요한 지점이었지만 나름 전문가들이라 두 주체 모두 고집이 세서 일이 더디게 진행됐다. 성질 고약하기로 유명한 김 소장은 어느 날 공사 현장 지붕에 올라앉아 잘못 놓인 벽돌을 아래로 내던지면서 딱히 누구에게랄 것도 없지만 가능한 모두에게 있는 대로 욕을 퍼부었다.

"일머리도 없이 이게 머하는 짓거리여. 모르믄 가만 앙거서 주는 밥이나 처묵제 뭣 헌다고 나서서 일을 요 모양으로 맹글어! 아따, 손꾸락도 안 겨 들어가는데 워치케 세맨을 처바른다냐! 분통 터져 못 살것네!"

10년을 함께 일했다는 소장 보조는 예사로 듣고 웃었지만, 작가들은 '나보고 하는 소린가, 설마 아니겠지' 하다가 '나

보고 하는 소리 같은데?' 하며 화가 잔뜩 나 있었다. 소장은 키도 컸지만 목소리도 여간 아니어서, 처음에는 작업장에 와서 이것저것 아는 체 간섭하기 좋아하던 동네 사람들도 나중에는 눈치를 살피며 입을 다물었다. 그러나 알고 보니 일할 때 사나운 것 빼고는 참 좋은 사람이더라고, 시간 내서 울 집도 손 좀 봐 주더라고, 일을 어쩌믄 그렇게 야물게 잘하느냐고 칭찬이 자자했다. 물론 그러기까지 시간이 다소 걸렸다.

외국에서 온 작가들은 시공지원팀 손을 일체 빌리지 않고 손수 건축하며 자가발전을 거듭했다. 자신들만의 설계를 바탕으로 하여 기초부터 지붕의 박공, 용접에서 절단, 구부리기, 시멘트 비비기, 타일, 벽돌 쌓기 등 모든 작업을 직접 해냈다. 알고 보니 오래된 유럽의 건물들을 복원하는 일에 참여한 경험이 많다고 했다.

여름이 되자 건축물의 바닥 기초가 하나둘 완성되었고, 건물 뼈대가 올라가기 시작했다. 대학 출강 등 각자 나름의 직업이 있던 작가들도 일하러 올라갔다가 주말에 내려와 작업하는 등 시간을 쪼개어 현장 작업에 집중했다. 더러는 싸우고, 더러는 한숨과 큰소리가 오갔지만 현장은 쉴 새 없이 돌아갔고, 간간이 낙지와 상추, 양파 등 먹을 것을 들고 찾아오는 주민들의 따뜻함에 모두들 자주 감동했다.

기점·소악도 여름 갯벌은 강렬한 햇빛과 모기떼, 습도 높은 더위가 합쳐져 사람을 아주 기진맥진하게 만들었다. 그러나 그 기진한 노동 뒤에는 누군가 차려 놓은 맛있는 식탁 대신, 말라비틀어진 채소 몇 개와 곰팡이가 피기 시작한 치즈 몇 조각만 기다리고 있었다. 외국 작가들은 돌아가면서 식사를 준비했는데, 막내 파코가 가장 자주 준비했다. 갓 서른의 디자이너인 파코는 음식 만드는 재주도 좋았지만 헝겊과 가죽을 멋진 옷으로 탄생시키는 리사이클링 전문가였다. 국제인권 변호사인 그의 엄마는 강압적인 교육을 끔찍하게 여겨 아이를 학교에 보내지 않고, 가정에서 교육하며 자발적 학습 기회를 주는 방식을 선택했다. 3개국 언어를 자유로이 구사하는 그는 검은 곱슬머리를 가진 미남이어서 오나가나 인기가 많았다. 위험해 보이는 작업대에 매달려서 용접을 하다가도, 지붕 꼭대기에 올라앉아 멀리 바다를 볼 때도 항상 웃었다. 위험하니 내려오라고 해도 "괜찮아, 걱정 마!"를 연발하며 일을 즐겼다. 즐기며 일하는 사람은 못 당한다. 그러나 실은 힘든 상황을 극복하기 위해 오히려 즐겁게 작업한다. 그게 우리와 그들의 다른 점 같았다.

그들이 날마다 정확한 시간에 현장으로 출근할 때 낡은 트럭에 실린 것은 공구와 대형 블루투스 스피커였다. 주말은 항상 쉬는 날로 못 박아 두고 개인 볼일을 봤다. 요란한 라틴 음악과 함께 하루를 시작했고, 음악 속에서 작품을 탄생시켰으며, 음악과 함께 휴식했다. 일주일에 두세 번 꼴로 그들의 작업 현장을 찾았는데, 그때마다 라틴 음악이 신나게 울려 퍼지고 있었다. "하이, 파코!" "봉쥬르~ 마담 윤!" 인사를 주고받으며 마주 보고 한바탕 춤을 추곤 했다. 인디언 인사 같은 짧은 춤 인사가 끝나면 진행 상황을 공유했다.

장 미셸을 우리는 장미라고 불렀다. 마을사람들은 '장씨'라고 불렀다. 장씨 가문의 미셸이라는 말이다. 그는 진정한 프로가 무엇인지 1년 넘도록 행동으로 보여 주었다. 우아한 영혼의 아저씨로, 성실하며 묵직하고 깊었다. 길고 힘든 시간을 참고 견디는 방식도 남달랐다. 하루 이틀이면 지루해 하는 다른 사람들과는 달리, 날씨와 계절마다 바뀌는 섬의 풍경들, 드러났다 사라지는 갯벌, 주민들이 오가며 전하는 사투리 섞인 인사, 밭에서 자라는 채소와 주민들의 생활상을 온몸으로 보고 듣고 느꼈다. 특히 물떼새 소리에 민감했다. 날마다 섬이 아름답다는 이야기와 "이번 프로젝트는 정말 독특하고 멋지다"는 말을, "함께할 수 있어서 정말 행운"이라는 말을 어깨를 들썩이는 특유의 몸짓과 함께 꼬박꼬박 전했다. 그것이 지쳐가는 서로를 위로하는 말이자 늘 새롭게 하루를 시작하자는 다짐 섞인 깊은 마음 씀씀이란 것을 알았다. 그 푸른 눈이 전하는 메시지는 격려를 넘어선 그 무엇이었다.

나는 일주일에 두 번, 주로 1박 2일로 이곳에 출장을 왔는데, 가끔 시장을 봐 와서 밥을 해 주기도 했다. 다 먹고살자고 하는 일인데 이국 만 리 시골 섬에서 먹는 그들의 식사는 정말 형편없었다. 돼지갈비를 만들기도 하고, 삼겹살 구이, 양파와 토마토, 버섯과 바질을 넣은 소고기 스프를 만들기도 했다. 그런 날 저녁에는 색 전구에 알알이 불을 켜고 마트에서 사온 싸구려 와인 잔을 부딪치며 라틴 음악과 함께 작은 축제를 열었다. 일상에서 짬짬이 즐거움을 찾는 방법을 배운 시간들이었다.

제일 어렵고도 애틋한, 사이와 사이

◎

주민들과 작가들 사이

마을 작업 현장은 이미 그 자체가 주민 소통 현장이기도 하다. 특히 공공미술을 주제로 하는 마을재생 사업의 경우를 보면, 작품을 어디선가 만들어서 가져다 놓는 것과 작품을 마을에서 직접 깎고 다듬는 등 제작 과정을 노출하며 완성하는 것 사이에는 주민 소통 측면에서 상당한 차이를 보인다. 작가와 주민 간 소통은 마을재생에서 가장 중요하게 여기는 부분이다. 주민과 첫인사를 나눈 작가들과 생전 처음 작가들을 맞이하는 주민들은 서로에게 호감과 호기심이 발동한다. 작가들이 고난의 행군을 하는 것을 지켜보던 주민들 사이에서 '작가들은 우리 마을을 위해 애쓰는 사람들'이라는 공감대가 조성된다. 그렇게 상호 간 연대와 우정이 서서히 싹튼다. 우정은 자주 행동으로 표출되는데, 주로 먹을거리를 숙소 앞에 슬쩍 가져다 놓고 가는 행동이다. 섬에서 귀한 과일이나 마을 특산물을 주로 작업장에 가져다준다.

마을 차원에서는 몇 차례 외국 작가들을 초대해 식사를 대접하기도 했다. 그들은 주민들의 환대에 너무나 기뻐했다. 대화는 각자 나라말로 했지만 멀리서 보면 마치 오랜 친구 사이 혹은 동네 사람처럼 보였다.

"왐마, 오늘도 날이 겁나게 더운디 땡볕에서 고생하셨제라? 멜씨부쿠!"

'정말 고맙습니다'라는 뜻의 프랑스어 '메르시 보꾸(Merci beaucoup)'는 동네 사람들이 유일하게 알아듣는 프랑스 말이다.

"멸치볶음? 그거이 고맙다는 말이라더마! 나도 멜치보꾸다!"

기실 대화라는 것은 진중한 회의가 아닌 다음에야 전 세계 사람들의 평범한 인사는 눈빛과 표정으로 다 통한다. 주민들이 "오늘은 거시기 벽돌을 겁나게 쌓던디 겁나게 잘해불구마!" 하면 그 친구들은 프랑스 말로 "그 정도는 일도 아니죠. 늘 하는 일인데요 뭐" 하고 답하고, "왐마, 첨 올 때 좋던 얼굴이 껌허게 타 버렸구마이! 어짜끄나 요로코롬 짠하게 고상들 시켜서 이!" 하면 "괜찮아요, 이 섬에서 작업하는 게 너무 좋고 보람 있어요" 했다. 그렇게 통역 없이도 사람들 간의 대화가 무르익어 갔다.

작업 시간이 다 다른 한국 작가들은 학교 출강이나 다른 작업도 병행하며 수시로 서울에서 전남의 끝자락, 그것도 배를 타고 섬까지 들어가야 하는 그 먼 거리를 오가며 자신의 작품을 가다듬었다. 개중에는 해당 건축물의 땅을 기부한 할아버지와 친구가 되어 할아버지가 좋아하는 맥주를 사 들고 사이좋게 이야기를 나누는 작가도 있었다. 마을에서 동떨어진 곳에서 혼자 외롭게 작업하는 작가들은 근처 나무에 해먹을 걸어 놓고 오수를 즐기기도 했다.

팀과 팀 사이

겉으로 보이지는 않았지만 작품에 대한 자부심과 애착이 깊어 선의의 경쟁도 치열했다. 작가끼리는 타인의 작품을 두고 가타부타 말이 없다. 그래서는 안 되는 철칙과 예의가 있는 것이다. 그러나, 이 사업을 인생 프로젝트로 정한 나는 말이 많다. 색채가 부담스럽다, 디테일과 미감적 요소를 더 가미해 달라, 재료를 튼튼하고 좋은 것들로만 사용해 달라, 회칠 마감이 벗겨지니 다시 시공해 달라, 사사건건 간섭하는 내가 얼마나 싫었을까? 미술 비전문가에 검증된 미감도 없는 사람이 더럽게 말도 많고 주문도 많다. 돈은 더럽게 적게 주면서!

　어쨌거나 작가들은 서로의 작품에 대해 밖으로 내색하지 않았지만 소리라는 것이 꼭 공명을 통해서만 전달되는 것은 아니다. 그들 간의 미묘한 갈등도 자주 감지했지만 그것도 소리를 통해서 아는 것이 아니라 그저 분위기로 읽을 뿐이다. 그러다 작업 전체에 지장을 줄 만한 상황에 이르면 간담회를 열어야 한다. 미세한 균열을 제때 봉합하지 않으면 나중에는 걷잡을 수 없는 홍수 사태가 발생한다.

처음 간담회를 연 것은 작가대표단과 시공지원팀 간 갈등 때문이다. 자존심 대 성깔이 맞부딪친 워낙 민감한 상황이라 단어 하나도 신중하고 조심스럽게 중심을 잡아 접근했다. 자칫 목소리가 커질 우려가 있으므로 간간이 우스갯소리로 긴장을 누그러뜨리는 간섭도 필요했는데, 그때의 기억이 아직 또렷하다.

"소장님, 내가 언제 그렇게 작업하라고 시켰습니까? 왜 마음대로 내 작품을 손질하십니까?"

꼼꼼한 소장은 수첩을 꺼내서 확인한다.

"3일 전 저녁을 먹고, 다음 날 이렇게 작업하자고 말했습니다. 그래서 하자는 대로 했습니다."

"아, 정말! 나는 그렇게 하면 어떨까 하고 질문했던 것인데……."

"질문인지 지시인지 항상 명확하게 말해야 우리는 알아듣습니다. 하나의 작업에 여러 사람이 붙어 일정을 조정하고 자재를 나르고 준비해야 하기 때문입니다."

이쯤에서 개입한다.

"작가님들은 모든 상황을 결정하시고 나서 작업 지시를 내려 주시고, 일정도 잘 확인해 주세요. 또, 명령하듯이 하시면 안 되겠죠. 엄연히 공사현장 전문가 분들이시니까요. 서로 존중하는 미덕을 보여 주세요. 이분들이 협력해야 좋은 작품이 나오니까요."

오해란 것은 주로 말에서 시작된다. 작고 시시한 이야기가 한두 명을 거치면서 전혀 다른 형태로 변질되어 당사자는 심한 내상을 입는다. 그러나 당사자 마음속에 이미 '감히 네까짓 게!' 하는 오만함이 자리한 상태라면 스스로 먼저 겸손해지지 않고서는 어떤 대화로도 풀기가 힘들다. 이 간담회에서는 다행히 대부분의 오해를 정리하고 "앞으로 더 잘해 봅시다" 하는 아름다운 결론을 남기고 흔쾌히 헤어졌다.

작가와 작가, 작가와 행정 사이

학창 시절 단짝끼리도 며칠만 지나면 싸운다. 같은 공간에서 1년 넘게 작업을 하다 보면 이견은 날카롭게 도드라지고 존중은 자주 무시되며, 장점은 당연한 것이 되고 단점은 시나브로 드러난다. 이때 필요한 것은? 날마다 처음 만나는 것처럼, 혹은 내일이면 영원히 헤어질 사람인 것처럼 마음을 마늘처럼 다지는 일이다. 허나 그게 우리 같은 보통의 사람들에게는

영 쉬운 일이 아닌 것이다. 작업 과정과 결과에 대한 서로의 신뢰를 확인하는 자리기도 한 현장 작업은 그래서 수많은 에피소드를 낳는다. 냉정하게 상대방의 작품을 확인하는 자리기도 하고, 실력과 인성 같은 밑천이 드러나는 시험장이기도 해서 하나의 프로젝트가 끝나면 서로 영영 헤어지는 작가들도 있다. 이래저래 작가들은 날마다 예민하다.

특히나 실행 주체인 공공미술협동조합 임직원들은 작가 지원 같은 행정 일과 동시에 작업을 병행하며 작가와 주민 눈치를 보느라 스트레스를 이중 삼중으로 짊어져야 했다. 사업이라고는 해 본 적 없는 순수한 작가들이 자주 겪는 실수 중 하나가 이윤 추구에 서투르다는 것이다. 한눈에도 돈이 줄줄 새 나가는 것이 보일 지경이다. 이를 테면, 두세 개 작품 건축 일정을 사전에 조정해야 먼 데서부터 오는 물류 운송비를 대폭 줄일 수 있지만 개개인의 일정을 너무 존중하느라 엄청난 물류 운송비를 바다에다 빠뜨린다. 앞으로 지을 서너 개의 건축물을 면밀히 살펴 공동으로 사도 될 자재를 한꺼번에 구매하지 못하고 각각 구매하거나, 비싼 인부를 효율적이지 못하게 써서 주르르 대기시키는 문제도 발생하곤 했다. 이런 순진 무구한 작가들을 보았나! 이래저래 비싼 교육비를 지불하고 큰 공부를 한다. 이외에도 지출 문제, 조합원 이익 문제 등 현장은 늘 칡과 등나무처럼 한데 엉켜 다양한 일이 불거졌다.

옆에서 지켜보자니 안타까운 일이 한두 가지가 아니었지만 나는 공공미술협동조합 조합원도 아니며 신안군에 소속된 어쩌다 공무원이자 도시재생 활동가일 뿐이다. 보고도 못 본 척, 들어도 못 들은 척 지나친 간섭은 극도로 자제해야 했다.

Tip. 기획자와 현장감독은 카운슬러다

기획자나 총괄감독은 가운데서 말을 전해서는 안 된다. 터뜨리는 불만을 들어주고 "아이쿠, 화가 날 만도 하시네요, 본심이 아닐 겁니다. 잘하셨어요"라고 맞장구를 칠 수는 있다. 카운슬러 역할은 언제든 필요하다. 하지만 서로 그런 불만이 있구나, 하고 현장 분위기를 파악하는 정도로 인식하고 말아야지 그 말을 당사자에게 전하는 순간 귀중한 프로젝트가 깨진다.

그런 험난한 관계 속에서 좋은 작품이 나올 수도 없다. 좋은 기운이 스며든 작품이 오래간다. 사업이 마무리되는 순간까지 참아야 한다. 사업이 종료되고 나서 서로 악평을 하든, 그의 인간성에 대해 독한 비난을 하든, 그것은 참여자 각각의 취향이다. 하지만 프로젝트

진행 기간 동안 기획자와 총괄감독은 모든 말을 그저
귓등으로 넘겨야 한다는 것을 잊지 말자.

순례자의 섬, 드디어 문 열다

◎

상처를 준 사람보다 받은 사람들이 더 많은 '순례자의 섬' 프로젝트. 여러 우여곡절을 겪었지만 배는 앞으로 나아갔다. 콘크리트 기초 위에 뼈대를 세우고, 외관이 서서히 드러나자 각자의 미감이 표출되기 시작했다. 예수 그리스도의 제자인 12사도의 이름을 딴 열두 개의 건축물이 섬 곳곳에서 완성되어 갔다. 작품 근처를 지나다 쓸쓸한 풍경 속에 혼자서 외로운 싸움을 하는 작가의 뒷모습을 자주 보았다. 그는 골똘히 연구하며 머리를 싸매느라 힘들었을 테지만, 해 지는 노을 속에 물끄러미 자신의 작품을 조감하는 모습이 참 보기 좋았다. 그때 그들의 고민과 상처는 이제 찾아오는 이들의 상처를 보듬을 안식처가 될 것이다.

2019년 늦가을, 기점·소악도는 그야말로 우리나라에서 처음으로 시도하는 건축미술 형태의 작품 전시장으로 완성됐다. 그리스 산토리니의 작은 마을이나 프랑스 시골 어느 고

즈넉한 동네에서나 만날 법한 작고 아름다운 작품 안에는 순
례자 누구나 쉬어갈 만한 소박한 의자가 마련되어 있다. 한
땀 한 땀 제작, 설치한 스테인드글라스는 저 먼 이국의 목가
적인 풍경 속에 오르간 소리가 들리듯 마음을 차분하고 경건
하게 만든다. 작가들이 1년 넘게 공들인 작품은 단숨에 기점·
소악도를 이국적인 순례의 섬으로 거듭나게 했다. 이제 이 섬
길을 걷던 순례자들이 잠시 숨을 고르고, 어딘가에 고요히 기
도하기도 하며 쉬어갈 것이다. 1박 2일짜리 순례의 길일뿐이
지만 순례를 완료했다는 기쁨도 얻어 갈 것이다. 작가들은 최
선을 다했고, 고되고 지루한 현장 작업에서 단 한 명도 중도
포기하는 사람 없이, 완벽하게 마무리해 주었다. 덕분에 열두
개의 작품은 태풍 두 개를 맞고도 여전히 안전하게 유지되고
있다. 다시 한번 모든 참여 작가에게 깊은 감사의 인사를 보
낸다.

예술, 마을을 먹여 살리다

순례자들을 위한 숙소도 완성됐다. 마을협동조합에서 운영
하는 게스트하우스는 문을 연 이후 언제나 손님으로 꽉 차 있
다. 남자 방에 여덟 명, 여자 방에 여덟 명이 묵을 수 있고, 이
름은 각각 '이 방'과 '저 방'이다. 부부나 연인이 다정히 손을
잡고 들어서서 사무장의 안내를 받으면 일순 당황한다. "그

러니까 떨어져 자야 한다는 말씀이지요?" 맨날 붙어 있는 사람들이 하룻밤 떨어져 자면 어떨까 싶지만 천만에. 여행은 여행이고 일상은 일상이다. 일상은 보통의 날들이지만 여행은 특별한 날이다.

그래서 나는 순례자의 섬이 문을 열기 전부터 돈이 좀 있다 싶은 주민들을 만날 때마다 "펜션을 짓거나, 식당이나 카페를 차려 보세요, 제가 열심히 홍보할게요" 하고 읊었다. 그러나 평생 장사라고는 해 본 적이 없고, 집을 짓거나 수리를 하는 것 말고는 건물을 지어 본 적이 없는 주민들은 자신 없다며 꺼렸다. 단출하고 단순한 생활을 이어 온 섬 주민들은 건축 설계와 인허가, 영업 준비와 관리, 카드 매출과 포스 시스템 같은 복잡한 것들을 잘 견디지 못한다. 자칫 잘못하면 잇속에 밝은 사람들이 마을 경제권을 장악하는 게 바로 그 이유다. 섬마을 일을 할 때 가장 어려운 부분 중 하나다. '욕지도 할매바리스타 카페'처럼 정상적인 영업 활동이 가능할 때까지 지속적으로 지원할 누군가가 필요하다. 어느 정도 일에 익숙해지고 궤도에 오르면 주민들은 일반 장사꾼들보다 더 성실하게, 아주 잘 해낸다. 그러나 행정에서 지원하다 보니, 애정 넘치게 일을 해내던 담당자도 자주 바뀌어 사라지고, 또 다른 사람이 오면서 관심 밖으로 소외된다. 지속성이 담보되지 못하는 이유다.

섬이 문을 열고, 여행자들이 들어오면서 마을은 기대감으로 들썩였다. 마지막 사업은 마을경제를 활성화하는 일이다. "이제 민박 지원 사업을 합시다" 하니 담당 계장도 흔쾌히 동의했다.

"50%는 행정에서 지원하고 50%는 자부담입니다. 하시겠습니까?"

사람들이 섬에 드나드는 모습을 얼마간 지켜본 주민들은 대환영했다. 그렇게 민박 지원 공사가 시작됐다. 집집마다 둘러본 뒤 어디를 공사하면 좋을지를 정하고 샤워장과 싱크대, 벽지와 침구를 직접 나서서 결정했다. 꽃무늬 벽지를 바르자는 할머니 말씀은 늘 못 들은 척한다. 마을 게스트하우스와 함께 민박이 여러 곳 생겼다.

"도시 사람들은 돌담을 좋아하더라고! 나는 시멘트 담을 싸그리 밀어 불고 돌담을 다시 쌓을 거여. 그라고 저 마당에는 큰 동백나무를 심을 거여!"

"이 먼디까지 왔응게 싸목싸목 놀다 저녁에는 별도 보고 가시라고 평상도 하나 짜야지."

주민들은 비워 두었던 아래채를 깨끗하게 수선하고 청소해서 민박으로 만들고, 도시에서 본대로 화분도 몇 개 만들어다 놓았다.

"나는 음식을 잘허니 최고로 맛있는 밥을 멕일거여!"

지금 일곱 가구가 민박을 한다. 모두 식사가 되는 민박집이다. 전라도 섬 밥상은 어느 집이나 맛있다. 가끔 전화를 걸어 장사 잘됩니까, 물어보면 찾는 손님들이 많고 단골도 생겨서 너무너무 잘된다고 한다. 푼돈조차 벌 곳 없던 막막한 섬에서 꽤나 짭짤한 수입을 올리는 것이다. 주민들의 즐거운 목소리가 들린다. 예술과 미술이 이렇게 마을을 먹여 살린다.

마을 분위기와는 동떨어진 커다란 조형물 설치나 주민들의 관심과는 상관없이 벽화를 그리는 행위는 경계해야 한다. 마을 공동체와 미술작품의 가치가 서로 만나서 시너지 효과를 내지 못한다면 아무 소용없는 일이다. 공공미술이 자주 실패하고 목불인견이 되는 이유가 그것이다. 상호 소통의 부재.

기점·소악도 열던 날

마을 게스트하우스가 완성되던 날에 '기점·소악도 여는 날' 잔치가 벌어졌다. 빛 좋은 가을이었다. 군수와 도지사를 비롯한 약 300여 명의 손님들이 섬을 찾았다. 섬에 가장 많은 인파가 몰려온 날이라고 했다. 주민들은 며칠 전부터 분주했다. 할매들은 밭에서 푸성귀를 챙기고, 부녀회는 김치를 새로 담고 갯벌을 뒤집어 낙지를 잡았다. 마무리 작업을 완료한 작가들도 특별 게스트로 함께 자리했다. 청년 파코는 작업복 중 가장 깨끗한 차림인 검정색 조끼를 입고 멀끔한 얼굴로 나타

났다. 평소에는 그다지 말이 없지만 소위 '마이크 빨'이 좀 센 마을 추진위원장은 한 달 전부터 쓰기 시작한 공책 한 권 분량의 인사말을 기어이 다 읽었다. 도지사나 군수보다 열 배는 긴 인사말이었다. 마치 웅변처럼 외치는 연설에 모인 사람들 모두가 배꼽을 잡았다.

"우리 마을에 유명한 것은 모기와 깔따구뿐이었지요. 지금보다 나은 마을을 만들어 보자는 소박한 꿈을 가지고 처음 시작했었죠. 젊은 사람이 떠나면 다시 돌아오지 않는 섬, 이삼십 년 후면 무인도가 될 수도 있는 섬이기에 절박했습니다. 새로운 미래를 꿈꿔 왔던 분들 덕분에 기틀을 만들고 이제 우리는 '가고 싶은 섬'으로 우뚝 섰습니다. 정말 어려운 여건 속에서도 오로지 마을 발전만 생각한 당신들이 있었기에 우리는 이 자랑스러운 일을 할 수 있었습니다."

웃음 끝에 살짝 눈물이 났다. 섬에서, 바닷길에서 보낸 5년의 시간. 나의 인생 프로젝트가 이렇게 마무리되었다.

먼 바다를 돌아 다시 한려수도의 섬으로

◎

동피랑, 연대도에서 시작한 일이 다도해 여러 섬마을에서 5
년간 이어졌다. 한없이 섬으로 갔고 한없이 배를 탔다. 섬으
로 가는 배를 타고 있을 때 마음이 안정되고 기운이 되살아났
다. 전남에서 5년을 보내고 2020년, 나는 다시 경남으로 돌
아왔다. 다 같은 남해안 섬들이지만 전남의 섬들이 아득하다
면 경남의 섬들은 넘실거린다. 우선 거리가 가깝고, 모양이
비탈지다. 중앙에는 산이 높고, 해변은 가파른 기암괴석들이
가득해서 작게 축소해보면 잘생긴 수석의 모습을 하고 있어,
서남해의 섬들과는 조금 다른 모양새를 하고 있다. 사람들의
생활도 다르다. 논이 있고, 밭이 넓어서 어딘가 풍족해 보이
는 서남해의 섬. 그러나 논도 밭도 한 뙈기 없어 비탈을 개간
해서 고구마로 연명할 수밖에 없는 가파른 절벽의 삶이 중간
남해의 섬들이다. 통영, 거제, 사천, 남해의 섬들이 대부분 그
렇다. 풍경은 몹시 아름다워서 지금에서야 여행지로 손색이

없지만 그 이전의 삶은 말할 수 없이 팍팍했을 것이다.

고향 거제에 시골집을 두고 목포로 드나드는 출퇴근에 지쳐갈 즈음, 경상남도에서 '섬 정책 보좌관'이라는 넘치는 신분을 제안하며 '주민이 살고 싶은 섬'을 만들어 보자 했다. 그 사이 전라남도는 섬발전지원센터를 설립했고, 아름다운 청년들이 오글오글 섬 일을 해내고 있었다. 그러니 이제 떠나도 될 때였다. 구 진해와 마산을 포함한 창원시의 유인도, 실리도와 양도와 송도, 거제의 유인도인 지심도와 이수도, 화도, 남해의 조도와 호도, 노도, 사천의 신수도와 초양도, 늑도, 저도, 신도, 하동의 대도까지 쭉 둘러보았다. 그리고 2020년 통영 두미도와 남해 조·호도가 경남형 '살고 싶은 섬'으로 선정되었다.

주민들께 인사하고 사업의 내용을 설명하는 자리를 가졌다. 사실상 섬에 대한 지속가능한 발전을 도모하는 데 있어 개발 콘셉트는 무의미하다. 행정에서는 '튀어서 유명해지는' 주제를 원하는 경우가 많은데 이 또한 이해 못 할 바는 아니다. 예산을 그만큼 투입했으면 뭔가 눈에 보이는 성과가 있어야 하는 것 아니냐. 지극히 맞는 말씀이다. 그 중간에서 섬 활동가의 깊은 고민이 시작되는 것이다. 공도화 방지, 섬 주민들의 생활불편을 해소하는 일, 무엇보다 주민들의 일거리를 만들어 소득을 올려 보는 일, 노인들의 삶을 조금이라도 따뜻하게 보듬는 일, 그리고 여행자들이 가끔 들러서 쉬어 가는 곳으로 조금은 이름을 알려 행정의 욕구도 충족해야 하는, 이 총체적인 것을 다 담는 기획안이 필요한 것이다. 차라리 관광형 유원지 섬으로 만드는 일은 쉽다. 그러나 그곳 주민들은 점차 주인이 아닌 객이 되어 섬에 살기가 힘들어진다. 그리고 유원지는 일회성이다. 유지 운영비가 많이 든다. 지속 불가능하다.

통영과 남해의 섬들은 육지에서 가깝다는 이점이 있다. 배가 자주 다니면 여행자들은 편리하지만 마을에 소득은 발생하기 어렵다. 맛있는 섬 밥을 먹어볼 기회가 없고, 절대 고요의 별밤을 볼 수도, 한적한 섬 길에서 동백꽃 무리를 만날 수도, 섬 주민들과 정다운 대화를 나눌 시간도 없다. 그러나 적당한 거리라서 하루 두어 번 배가 다니면 조금은 더 무언가를 도모해 볼 수 있다. 반면 주민들은 불편하다. 이때 필요한 것은 면 단위의 본섬을 잇는 마을 배, 즉 도선일 것이다. 두미도 주민들의 가장 큰 소망은 20분이면 닿을 수 있는 욕지도를 오갈 수 있는 도선이 생겼으면 하는 것이었다. 적극 추진해 보겠다는 약속을 했다. 일곱 개의 사라진 마을을 잇는 옛 길을 복원하자는 데 모두가 찬성했다. 다소 가파른 구간도 있지만 남구, 청석, 구전, 사동, 학리, 고운, 설풍, 마을마다 이야기가 있는 아름다운 길이다. 주민들도 길이 사라져서 못 가본지 오래라 했다.

두미도 마을 한가운데 오랫동안 비워진 '청년회관'을 마을로부터 아주 싸게 임대받아 사무실을 꾸렸다. 주제는 워케이션, 즉 섬택근무지다. 누구나 한 번은 섬에서 살아 보길 꿈꾸고, 그냥 놀기보다는 일하면서 노는 것이 알짜배기 삶이므로 그러한 주제로 가기로 했다. 지금도 사무실 사용 예약이 꽉 차 있다. 짧게는 일주일, 길게는 한 달 동안 사무실 임대를 예약하고, 숙박은 깨끗한 마을회관 2층 숙소에서 한다. 마을에서 운영하는 식당이 있으니 식사는 거기서 하면 된다.

두미도 일을 시작하고 빠른 시간 안에 섬택 근무지 조성이 가능했던 이유는 우선 우리나라가 인터넷 강국이어서다. 그리고 무엇보다 두미도 북구 마을주민들의 열린 마음이 있었기 때문이다. 외지인의 입도와 입주를 사뭇 경계하는 분위기가 심한 섬들이 대부분인 데 비해 두미도는 외지인들의 이주비율이 아주 높았다. 한 이주민을 만나 물었더니 섬 주민들이 적극 환영하는 분위기라고 했다. 그래서 일을 추진하는 데 전혀 불편함이 없었다.

지금 두미도는 프로젝트가 한창 진행 중이다. 물론 그 속에는 어느 마을에서나 양념처럼 있는 티격태격 갈등도 있고, 질투와 시기, 오해와 비방도 있다. 그러나 먼 외국에서 일부러 두미도를 찾아 이사를 온 중년의 멋진 부부가 민박을 잘 운영하고 있고, 섬이 좋고 낚시가 좋아 이사 온 퇴직자들도, 전직 탁구 감독도 있다. 민박집 근처에 열린 노천 카페는 동네 사람들의 사랑방이 되었다. 두미도는 쉬어 가고, 일도 하고, 자고 가고, 천천히 걸으면서 동서남북의 푸른 바다를 영접할 수 있는 곳이 되었다.

두미도가 난대림으로 울울창창한 '숲섬'인 반면 남해 조도는 아기자기한 작은 섬이다. 조도는 남해군에 속한 섬으로 미조항에서 출발하면 5분이 채 걸리지 않는 가까운 섬이다. 조도는 큰 섬과 작은 섬, 인접한 호도를 포함해서 40여 가구가 살고 있다. 2020년 '살고 싶은 섬' 대상지로 선정되었다. 조도는 이미 '다이어트 보물섬'으로 지정되어 개발이 진행되고 있어서 대규모 개발계획에 밀려 자칫 소외되기 쉬운 주민들의 소득과 복지를 목적으로 하는 작은 사업들이 구상되었다. 특히 인접한 작은 섬 호도는 이름처럼 호랑이는 닮지는 않았지만 마을의 옛 풍경이 고스란히 보전되어 있어서 고즈넉하고 아름답다. 마을 골목길을 따라 가다보면 폐교가 있고, 탁 트인 바다를 한눈에 조감할 수 있는 시원한 풍경이 펼쳐진다. 나는 특히 이 폐교에 주목했다. 잡초 더미와 함께 방치된 폐교를 깨끗이 정리하고 푸른 잔디밭과 나무 그늘을 조성하여, 커다란 야외 식탁을 준비해 '바다밥상' 혹은 '남해바다의 만찬' 장소로 계획했다. 젊은 청년 셰프가 와서 메인 요리를 제공하고, 반찬을 잘 만든다는 마을 어머니들이 텃밭에서 키운 채소로 요리한 반찬을 곁들인다면 아마도 남해바다 맛을 찾고 싶은 사람들의 예약이 끊임없이 이어질 것이다.

두미도와 조도가 변화하는 가운데, 다음 목적지로는 고성 와도와 통영 추도가 선정되었다. 그러나 1년 남짓 준비 운동과 기본계획을 마쳤을 즈음, 나는 다시 거제 산골의 고향집으로 돌아와야 했다. 한 차례 선거가 끝나고 단체장이 바뀌면 일이 엎어지는 것이 어공의 서러움이다. 사장이 바뀌었으니 사업 방향도 바뀌는 것은 그럴 수 있다. 이때 가장 큰 피해자는 마을이다. 새로운 단체장은 그깟 일 해도 그만, 안 해도 그만이고 본인의 성과를 챙길 새로운 사업을 하면 된다. 이 경우 남은 예산은 흐지부지 쓰이거나, 어떤 경우 불용 처리되기도 한다. 주민들은 그야말로 닭 쫓던 개 신세가 된다. 주민들은 '에효' 한숨 몇 번에 포기한다. 여태 그런 거 안 해도 살았는데 뭐.

늘공들은 사장이 관심이 없는 사업은 들인 예산이 아까워도 다시 들이밀지 않는다. 사장이 관심 없음을 상당히 빠르게 눈치챈다. 빨라야 먹고산다. 덕분에 아까운 마을사업들이 중간에 너무 많이 곤두박질친다. 참으로 안타까운 일이다. 국민들의 세금이 얼마나 들어갔는지는 중요하지 않고 전 단체장이 했던 일을 지우개로 박박 밀어 버린다. "앞선 이의 이러저

러한 정책은 참 좋으니 제가 이어 잘 마무리하겠습니다" 하고 말하는 단체장 한 번 보면 소원이 없겠다.

기대에 가득 찼던 주민들께 죄송한 마음이 빚으로 남았다. 2006년부터 2021년까지, 15년을 '어공'으로 일했다. 소위 '지속가능한 발전'을 주제로 도시재생, 마을 만들기 일을 했다. 현장조사, 기획, 사업구상, 주제 설정, 마을경제, 복지, 주민교육, 상품개발, 판매전략 등등 다양한 일들을 되풀이했다. 물리적인 사업들이 마을 한 곳에서 적게는 열 개에서 많게는 수십 개까지 이어진다. 이직을 하면서 한 달을 쉰 것 외에 줄곧 그런 일들을 해 왔다. 돌아보면 몇 군데 성공적인 사례도 있지만 돌아보기 싫을 정도로 실패한 마을도 있다. 중간 점수를 겨우 받을 만큼 어중간하게 하다가 만 곳도 있다. 한꺼번에 주어진 마을의 숫자가 많아 시간과 몸, 마음이 충분히 가닿지 못해서 그랬다. 그런 마을을 생각하면 죄스럽다. 다시 가서 반짝반짝하게 잘 다듬어 놓고 싶다.

현직을 떠난 지금도 마을주민들은 급한 일이 생기면 전화를 한다. 억울하고 슬픈 마음이 들어 한잔 걸치고 한 전화이기에 끊지 못하고 긴 통화를 하기도 한다. 함께한 늘공들과도 아직까지 연락이 잦다. 더러는 전남에서 경남까지 그 먼 거리를 일부러 찾아와 주기도 했다. 보내고 나면 며칠 동안 마음이 촉촉하고 아련하다. 좋은 동료들이 많았다. 역시 나는 인복이 많은 사람이었다. 다들 보고 싶고 그립다. 달려가서 한 잔하며 막 웃고 떠들고 싶다. 다시 그때처럼.

신안의 반월·박지도가 세계적으로 우수한 관광마을이 되었다는 소식을 들었다. 순례자의 섬, 기점·소악도 사례를 개발도상국에 선진 사례로 수출한다는 소식도 들었다. 그러나 섬 주민들이 살기가 좋아졌고, 너무나 즐겁게 살고 있다는 소식이 가장 반갑다. 내 인생 프로젝트, 순례자의 섬을 마무리할 수 있어서 참 좋았다. 강진 가우도, 고흥 연홍도, 완도 소안도, 생일도, 여서도, 신안 반월·박지도, 기점·소악도, 우이도, 여수 낭도, 손죽도, 진도 대마도, 관매도, 무안 탄도와 영광 낙월도, 달달합창단을 만들었던 목포 외달도, 달리도도 모두 그립다. 크고 작은 성과들을 낼 수 있었던 것은 열린 행정과 함께했기 때문에 가능했다. 행정 절차를 자주 무시하고 고집 피우며 내달리는 급한 성격을 참아내며 따라잡느라 고생들이 많았다. 나의 친애하는 동료들을 늘 고맙게 생각한다.

가끔 마을의 미래를 걱정하는 주민들이 잘 놀고 있는 나를 찾아오기도 한다. 마을 일을 하겠다는 사람은 언제 와도 반갑고 고맙다. 열심히 이것저것 아는 대로 조언한다. 조금이라도 도움이 되었기를, 헛걸음이 아니기를 바란다. 더러 엉망으로 만들어진 용역사의 기획안을 들고 '심판'을 좀 해 달라고 찾아오기도 한다. 때로 용역 회사가 만들고 있는 기획안의 수정과 보완을 요청하기도 한다. 반갑고 고마운 일이다. 손봐 준 기획안이 당선되었다는 소식도 들려온다. 그이는 내게 고맙 다고 하지만 내가 더 고맙다. 마을의 밑그림을 성실하게 잘 그려 주었으니 말이다.

단언컨대 섬마을은 우리나라에서 가장 아름다운 마을이 다. 눈만 돌리면 은빛 윤슬이 반짝반짝 빛나는 바다가 있고, 넓은 갯벌이 펼쳐지고, 공기는 더없이 맑고 깨끗하다. 고요한 밤이 오면 이슬처럼 순정한 풍경들이 있다. 부끄러움 많고 어 진 사람들이 모여 사는 곳, 갈 때마다 마음이 설레고 좋은 곳, 잠시 섬에서 뭍으로 나올 때마다 이상하게 서러운 곳.

태어나 사는 동안 섬 일을 마음껏 할 수 있어서 행운이었 고 그 일을 하는 동안 충분히 행복했다. 돌봐야 하는 섬의 개 수만 좀 적었어도 꼼꼼하게 잘할 수 있었는데 그게 좀 아쉽지 만, 이제 섬 일을 전담하는 후배들이 생겼다. 전남에 처음 생 긴 '섬발전지원센터'가 섬을 품은 전국 곳곳에 연달아 생길 것이라 믿는다.

섬 이야기를 쓰면서 잘한 것은 하나도 기억이 안 나고 못 해 주고 온 것들만 생각이 나서 몇 번이고 울컥했다. 또 다른 섬지기들이 가서 마무리를 잘해 줄 것이라 믿어 의심치 않는 다. 인생에서 꼭 해 볼 만한 가치 있는 일이다. 다시 남해 통영 의 섬들과 기쁘게 조우할 날을 기다린다. ✽

마지막으로 필자의 인생 프로젝트, 국내외 예술가들과 함께한 기점·소악도의 모습을 아름다운 남해바다 풍광과 함께 전한다.

어딘가에는 살고 싶은 바다, 섬마을이 있다

초판 1쇄 발행 2023년 2월 28일

지은이   윤미숙
편집인   전민진 객원편집, 박소희, 천혜란
마케팅   황지영, 이다석
디자인   안삼열, 최진규
인쇄   미래상상
펴낸이   정은영 편집인
펴낸곳   ㈜남해의봄날
주소   경상남도 통영시 봉수로 64-5
전화   055-646-0512
인스타그램 @namhaebomnal
ISBN   979-11-85823-92-8 03300
© 윤미숙, 2023